기본적으로 알아야 하는 글쓰기 원리

글쓰기 박사되기 학습서

글을 쓰려면 생각을 먼저 해야 합니다. 글을 빠르게 쓰려면 생각을 막힘 없이 빠르게 잘해야 하므로 글을 잘 쓰는 사람이란 결국 생각을 잘하는 사람이며 머리가 좋다는 뜻입니다. 글 잘 쓰는 거지 없다는 말이 있듯이 글을 잘 쓰는 사람은 낙오하지 않고 어디에서든 기본은 하고 삽니다. 따라서 글쓰기를 배운다는 것은 기본적인 생활능력을 갖추는 것과 같습니다.

이상덕 저

소중한책

차 례

1. 사실 한 가지 내용으로 쓰기 ········· 07
  (1) 사실을 사진처럼 보여주기 ········· 09
    문제풀이 및 정답 ········· 20
  (2) 사실을 객관적으로 쓰기 ········· 21
    문제풀이 및 정답 ········· 32

2. 마음 한 가지 내용으로 쓰기 ········· 33
  (1) 마음으로 쓰기 ········· 35
    문제풀이 및 정답 ········· 44
  (2) 마음으로 논평하기 ········· 45
    문제풀이 및 정답 ········· 54

3. 사실+마음 두 가지 내용으로 쓰기 ········· 55
  (1) 사실 + 마음 ········· 57
  (2) 사실 + 논평 ········· 63
    문제풀이 및 정답 ········· 70

4. 기승전 세 가지 내용으로 쓰기 ········· 71
  (1) 사실+마음+반전 ········· 73
    문제풀이 및 정답 ········· 80

5. 네 가지 내용으로 쓰기 ········· 81
  (1) 기승전결 ········· 83
    문제풀이 및 정답 ········· 106

단원 1

'사실' 한 가지 내용으로 쓰기

나는 '사실' 한 가지 내용으로 동시도 쓰고 일기도 써요.

무엇을 쓸지 생각이 분명하니까 글쓰기가 편해요.

나는 사실만을 말해.
그래서
눈으로 본 것만
말하지.

(1) 사실을 사진처럼 보여주기

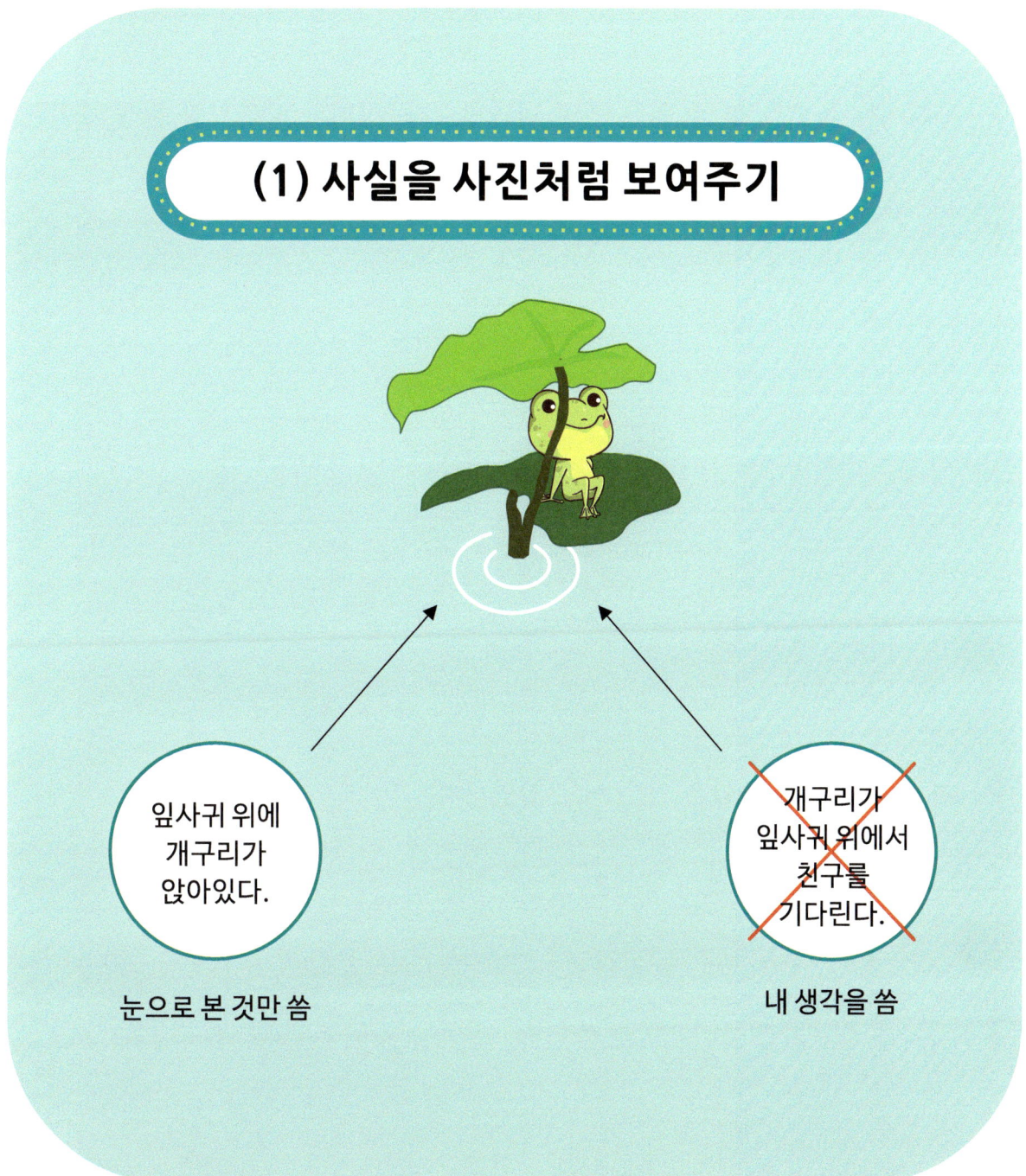

1. 다음 중 사실에 가장 가까운 것을 찾으시오. (　　　)

① 사진　② 마음　③ 듣기 좋은 말　④ 만화　⑤ 옛날이야기

2 사진에는 눈으로 볼 수 있는 것만 나타냅니다. 영미가 사진처럼 눈에 보이는 것만 글로 표현하였습니다. 영미가 쓴 글은 어느 것입니까? (   )

① 촘촘한 나뭇가지 사이에 참새가 바글바글 앉아있다.

② 하늘에서 천사가 내려왔다.

③ 오늘은 마음이 진짜 싱숭생숭하다.

④ 사과 말고 시원한 수박을 먹고 싶다.

공상이나 마음은 눈으로 볼 수 없다.

촘촘한 나뭇가지 사이에 참새가 바글바글 앉아있다. ← 풍경
하늘에서 천사가 내려왔다. ← 공상
오늘은 마음이 진짜 싱숭생숭한 날이다. ← 기분
사과 말고 시원한 수박을 먹고 싶다. ← 마음

3 사진과 가장 많이 닮은 것은 어느 것입니까? (   )

① 마음   ② 풍경   ③ 공상   ④ 기분

4 사과를 사진처럼 보여주려고 합니다. 가장 잘 보여준 글은 어느 것입니까? (   )

① 울퉁불퉁하고 삐뚜름한 모양에 꼭지가 달린 빨간 사과다.

② 맛있게 생긴 사과다.

③ 최고로 못난이 사과다.

④ 불퉁불퉁하고 삐뚜름하게 생겨서 안 팔릴 것 같은 사과다.

맛있게 생긴 사과다. ← 내 생각을 표현함
최고로 못난이 사과다. ← 내 생각을 표현함
불퉁불퉁하고 삐뚜름하게 생겨서 안 팔릴 것 같은 사과다. ← 내 생각을 표현함

★★★★★ 생각을 표현하면 생각을 보여준 것이지 사과를 보여준 건 아니에요.

5 영미가 사실을 정확하게 전달하기 위해서 자신의 생각은 제외하고 **눈으로 본 것만** 썼습니다. 영미가 썼을 것으로 짐작되는 글은 다음 중 어느 것입니까? (   )

① 길 건너 편의점 앞에 강아지 한 마리가 앉아있었다.
② 편의점 앞에 떠돌이 개가 앉아서 구걸하려고 했다.
③ 편의점 앞에서 도둑개가 앉아있었다.
④ 굶주린 개가 먹이를 노리고 있었다.

6 동영상 사진을 찍었습니다. 그런데 다음 중 하나는 동영상이 될 수 없는 가짜입니다. 어느 것이 가짜입니까? (   )

① 눈꼬리가 올라가고 입은 함지박 만하게 벌어지고 얼굴은 발갛게 달아오른 채 "나는 행복해." 하고 그가 말했다.

② 그는 마음 속으로 행복하자고 외치고 있었다. 하지만 그의 마음 속에는 날카로운 가시가 있었다.

③ 고개를 숙이고 구부리고 앉아 파란색 운동화를 하얀 끈으로 지그재그 묶으며 그는 계속 혼자 중얼중얼거렸다.

7 내 마음속이 아닌 **눈에 보이는 바깥 세상**의 무엇을 쓰려고 합니다. 다음 중 가장 잘 쓴 글을 고르시오. (   )

① 낙엽이 떨어지는 나무를 보니 엄마 생각이 나면서 기분이 쓸쓸하다.
② 내 생각에는 색깔이 제일 예쁜 계절이니까 가을이 최고로 아름다운 계절이다.
③ 노란 은행잎 떨어진 길을 파란 우산을 쓴 아이가 종종종 걸어간다.
④ 진돗개는 얼굴이 다 똑같다.

8 울고 있는 광호에 대해서 쓴 글입니다. 사실에 가장 가까운 글을 찾으시오. (   )

① 광호는 눈물을 짜면서 엉엉 소리내어 울었다.
② 광호는 별것도 아닌 일에 잘 운다.
③ 광호는 꾀가 많아서 가짜로 잘 운다.
④ 광호의 눈물은 악어의 눈물이다.

9 보기를 참조하여 빈 칸에 오른 쪽 청자 꽃병에 대한 사실 한 가지를 써넣으시오.

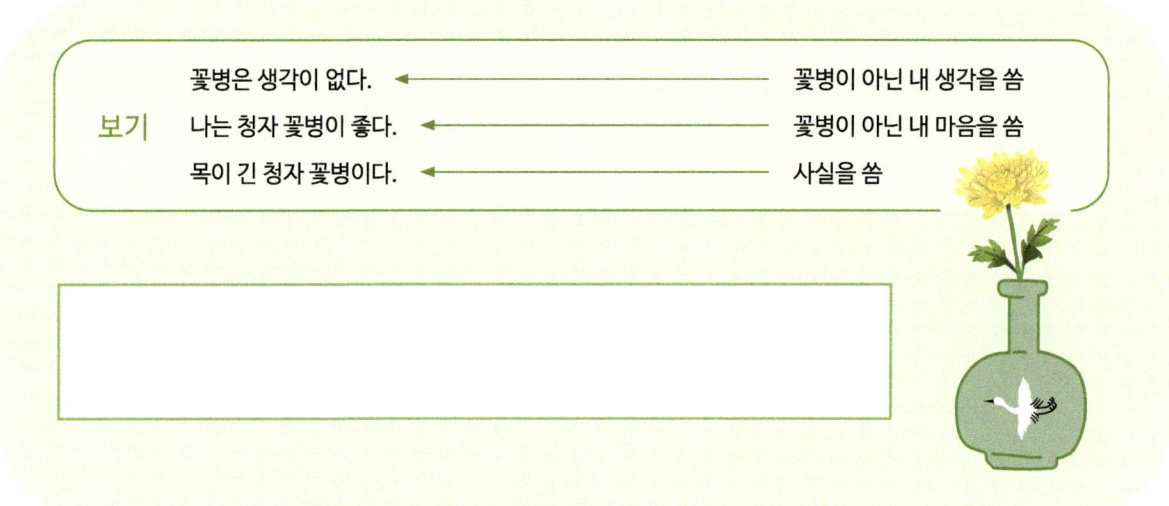

10 사진처럼 보여주려면 눈에 보이는 걸 써야 합니다. 다음 중 눈에 보이는 것을 쓴 글은 어느 것입니까? (   )

① 그 사람은 존경받아야 한다.
② 놀러가고 싶다.
③ 나무 밑에 파란색 벤치가 있다.
④ 엄마가 보고 싶다.

그 사람은 존경받아야 한다. ← 내 생각
놀러가고 싶다. ← 내 마음
엄마가 보고 싶다. ← 내 마음

11 다음 중 눈으로 볼 수 있는 것만 모아서 쓴 동시는 어느 것입니까? (   )

① 나비는 훨훨
　꽃은 한들한들
　나뭇잎은 살랑살랑
　나는 팔짝팔짝

② 엄마는 달나라에서 오고
　아빠는 별나라에서 오고
　나는 어느 나라에서 와서
　우리 가족이 되었을까

③ 해님은 구름이 좋아
　하늘에 살고
　달님은 별이 좋아
　밤하늘에 살고

④ 뛰어가면 빠른데 중간중간 쉬어야 하고
　걸어가면 느리지만 쉬지않고 갈 수 있고
　걸어야 할까
　뛰어야 할까

눈에 보이는 것들 ： 물건, 모양, 색깔, 빛, 움직임 등

12 예나와 수진이가 각각 나무를 그렸습니다. 사실적으로 그린 사람은 누구입니까? (   )

① 예나

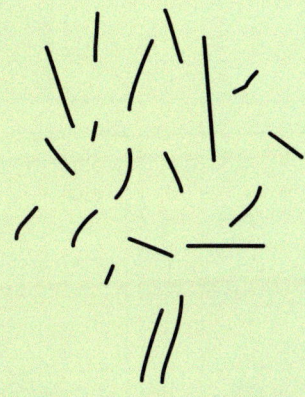

② 수진

13 다음 중 소리를 가장 사실적으로 들려주는 동시는 어느 것입니까? (   )

① 나비는 훨훨
　꽃은 한들한들
　나무는 살랑살랑
　나는 팔짝팔짝

② 어떤 새는 짹짹짹짹
　어떤 새는 꼬르르꼬르르
　어떤 새는 찌익찌이이
　어떤 새는 휘휘휘휘
　다 같은 새인데
　이름이 다른 새는 다른 소리로 운다

③ 엄마가 부르신다
　언제나 정다운
　엄마 목소리
　아빠가 부르신다
　언제나 힘이 들어가는
　아빠 목소리

④ 폭풍우 소리가 무섭던 그날 밤
　엄마와 나는
　방에서 만두를 먹으며
　옛날이야기를 했다

의태어

토끼는 깡총깡총 곰은 느릿느릿 산을 넘어갑니다. 여기서 깡총깡총과 느릿느릿은 토끼와 곰의 움직이는 모양을 흉내낸 말입니다. 이와 같이 움직이는 모양을 흉내내어 보여주는 말을 의태어라고 합니다.

의성어

화살이 '핑핑' 날아들었다. 바람이 '씽씽' 분다. 여기서 '핑핑' '씽씽'은 소리를 흉내낸 말입니다. 이와 같이 소리를 흉내내어 들려준 말을 의성어라고 합니다.

---

14 다음 중 토끼를 가장 많이 보여준 사람은 누구입니까? (   )

 ① 장미 : 이 토끼는 고양이보다 크다.

 ② 영미 : 이 토끼는 고양이보다 크고 털이 갈색이다.

 ③ 광호 : 이 토끼는 고양이보다 크고 털이 갈색이며 눈이 까맣다.

 ④ 만득 : 이 토끼는 고양이보다 크고 털이 갈색이며 눈이 까맣고 귀가 얼굴만큼 길다.

15 다음의 글은 풍경 사진을 보여주듯 쓴 글입니다. 가장 많이 보여준 글을 찾으시오. (   )

① 뙤약볕이 떨어지는 마당에 혀를 내밀고 헥헥거리는 개 한 마리가 앉아있고 빨랫줄에는 제비가 앉아있고 대청마루에는 할머니가 부채질하면서 앉아있다.

② 우리집에는 장독대가 있었고 그 옆에 석류나무가 있었으며 그 옆에 우물이 있었고 우물 뒤쪽 담장 너머에는 순이네 감나무가 있었다.

③ 아버지는 누워서 TV를 보고 누나는 앉아서 컴퓨터를 하고 나는 엎드려서 만화를 보고 엄마는 서서 밥짓는 일을 한다.

④ 한 아이는 머리를 두 갈래로 묶었고 한 아이는 머리를 두 갈래로 땋았고 한 아이는 단발머리다.

풍경화

풍경화를 보면 그곳에 가지 않아도 어떤 풍경인지 대략 알 수 있어요. 마찬가지로 풍경화처럼 쓴 글을 읽으면 그곳에 가지 않아도 그곳의 풍경을 감상할 수 있어요.

16 빈 칸에 자동차에 대한 사실 한 가지 이상을 써넣으시오.

자동차는 바퀴가 네 개다.

자동차는 쇠로 만들어져서 무겁고 단단하다.
사람이 부딪히면 크게 다치거나 죽는다.
자동차는 달리는 무서운 쇳덩어리다.
길에 나가면 항상 자동차를 조심해야 한다.

메뚜기와 토끼

어느 날 토끼가 메뚜기를 찾았습니다.

"메뚜기님 안녕하세요?"

"토끼님께서 어쩐 일이세요?"

"우리 훌륭한 메뚜기님께 한 가지 가르침을 받을 게 있어서 찾아왔지요."

"저 같이 작은 곤충한테 무엇을 배우시려고요?"

"어느 날 메뚜기님을 보았는데 저기 소나무밭에서 저기 언덕까지 펄쩍펄쩍펄쩍 세 번만에 뛰어가더라고요. 저기 언덕도 펄쩍펄쩍 두 번만에 뛰어오르는 걸 보았어요. 제가 메뚜기님처럼 뛸 수 있다면 들개한테 절대 잡아먹히지 않을 것 같군요. 어떻게 하면 저도 메뚜기님처럼 멀리 뛸 수 있을까요?"

메뚜기는 한 번도 생각해 보지 않은 질문에 당황했습니다.

"어떻게 하면 저처럼 뛸 수 있느냐고요?"

"네. 기술을 좀 가르쳐주세요."

메뚜기는 자기도 모르는 기술을 가르쳐줄 수 없었습니다. 다음에 다시 찾아오면 그동안 생각해 두었다가 가르쳐주겠다고 대답했습니다.

"다음에는 맛있는 거 좀 싸들고 오세요. 세상에 공짜는 없잖아요?"

메뚜기가 웃으며 말했습니다.

"맞아요. 비싼 기술을 공짜로 달라고 해서 미안해요. 다음에는 빈 손으로 안 올게요."

토끼가 웃으며 대답했습니다.

토끼가 간 뒤 메뚜기는 고민에 빠졌습니다. 아무리 생각해도 가르쳐줄 기술이 없는 듯했기 때문입니다. 그러는 사이 시간이 바람처럼 지나더니 다시 토끼가 찾아왔습니다.

"메뚜기님 맛있는 볏잎을 한 보따리 싸왔습니다. 오늘은 기술을 꼭 가르쳐주세요. 메뚜기님처럼 뛸 수 있을 날을 생각하니 가슴이 벅차 잠을 못자겠습니다."

메뚜기는 식은땀을 흘리며 한숨을 내쉬었습니다.

"며칠 동안 토끼님께 무슨 말씀을 드리나 고민하고 또 고민했지만 사실대로 말씀드리는 게 제일 좋겠다고 생각했어요"

"그럼요. 사실대로 말씀하시면 돼요. 사실대로 말하는 것보다 훌륭한 대답은 없는 거 같아요."

토끼의 대답을 듣고 메뚜기가 결심한 듯 말했습니다.

"사실 저는 뛰는 게 아니라 날개로 날아요. 근데 힘이 부족해서 날았다가 금방 내려와야 해요. 그래서 마치 뛰는 것처럼 보이지요. 큰 동물이라면 한 걸음에 뛸 것을 저는 한참 날아서 가야 한답니다."

"아, 그랬던 거예요?"

토끼가 실망한 얼굴로 메뚜기를 쳐다보았습니다.

"실망을 드려 죄송해요. 하지만 사실대로 말씀드렸으니 제 마음은 편합니다."

메뚜기가 말하며 볏잎 보따리를 토끼에게 돌려주었습니다.

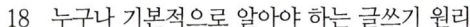

17 빈 칸에 오늘의 일기를 50글자 이상 쓰시오. 단, 사실을 쓸 것.

년   월   일   날씨

18 사실을 쓸 때에는 많이 보여줄수록 좋은 글이 될 수 있습니다. 마찬가지로 그림도 많이 보여줄수록 좋은 그림이 될 수 있습니다. 다음의 두 그림 중 더 좋은 그림이 될 수 있는 것을 고르시오. (   )

① 　　②

하늘을 나는 미래의 자동차 그리기 (수진)　　하늘을 나는 미래의 자동차 그리기 (장미)

정답 9p~19p

01 ①

02 ①

03 ②

04 ①

05 ①

② 편의점 앞에 떠돌이 개가 앉아서 구걸하려고 한다.
→ 개가 구걸하려고 한다는 말은 내 생각일 뿐입니다.

③ 편의점 앞에 도둑개가 앉아있다.
→ 도둑개라는 건 내 생각일 뿐 사실인지 아닌지 모릅니다.

④ 굶주린 개가 먹이를 노리고 있다.
→ 굶주린 개, 먹이를 노린다는 말 모두 내 생각일 뿐 사실인지 아닌지 알 수 없습니다.

06 ② ← 마음 속은 영상이나 사진으로 찍을 수 없어요.

07 ③

④ 진돗개는 얼굴이 다 똑같다. ← 내 생각을 표현한 글입니다. 어떤 사람은 얼굴이 다 다르다고 생각합니다.

08 ①

② 광호는 별것도 아닌 일에 잘 운다. ← 별것도 아닌 일이란 건 내 생각이고 본인은 중요한 일일 수 있기 때문에 사실로 볼 수 없는 과장된 표현입니다.

09 (채점 기준) 다음 중 한 가지 이상 쓰면 정답

1. 목이 가늘고 길다.
2. 배가 둥그스럼하고 볼록하다.
3. 꽃병에 학 무늬가 있다.
4. 비색 청자다.

10 ③

11 ①

나비는 훨훨
꽃은 한들한들
나무는 살랑살랑
나는 팔짝팔짝

위의 동시에서, 훨훨, 한들한들, 살랑살랑, 팔짝팔짝과 같은 의태어는 눈으로 볼 수 있는 몸짓을 흉내낸 표현입니다.

12 ①

13 ②

14 ④

④ 이 토끼는 고양이보다 크고 털이 갈색이며 눈이 까맣고 귀가 얼굴만큼 길다.

④의 글은 4가지를 보여줍니다.

15 ①

① 뙤약볕이 떨어지는 마당에 혀를 내밀고 헥헥거리는 개 한 마리가 앉아있고 빨랫줄에는 제비가 앉아있고 대청마루에는 할머니가 부채질하면서 앉아있다.

①의 글은 9개를 보여줍니다.

② 우리집에는 장독대가 있었고 그 옆에 석류나무가 있었으며 그 옆에 우물이 있었고 우물 뒤쪽 담장 너머에는 순이네 감나무가 있었다.

②의 글은 5개를 보여줍니다.

16 (채점 기준) 자동차에 대한 사실 한 가지 이상을 쓰면 정답

▶정답 예시

자동차는 바퀴가 네 개다.

뒤를 볼 수 있는 거울이 있다. 어두울 때 앞을 밝히는 전조등이 있다. 방향을 조종하는 핸들이 있다. 진행방향을 알려주는 깜빡이등도 있다.

자동차는 쇠로 만들어져서 무겁고 단단하다.
사람이 부딪히면 크게 다치거나 죽는다.
자동차는 달리는 무서운 쇳덩어리다.
길에 나가면 항상 자동차를 조심해야 한다.

17 (채점 기준) 사실을 50글자 이상 쓰면 정답

18 ①

(2) 사실을 객관적으로 쓰기

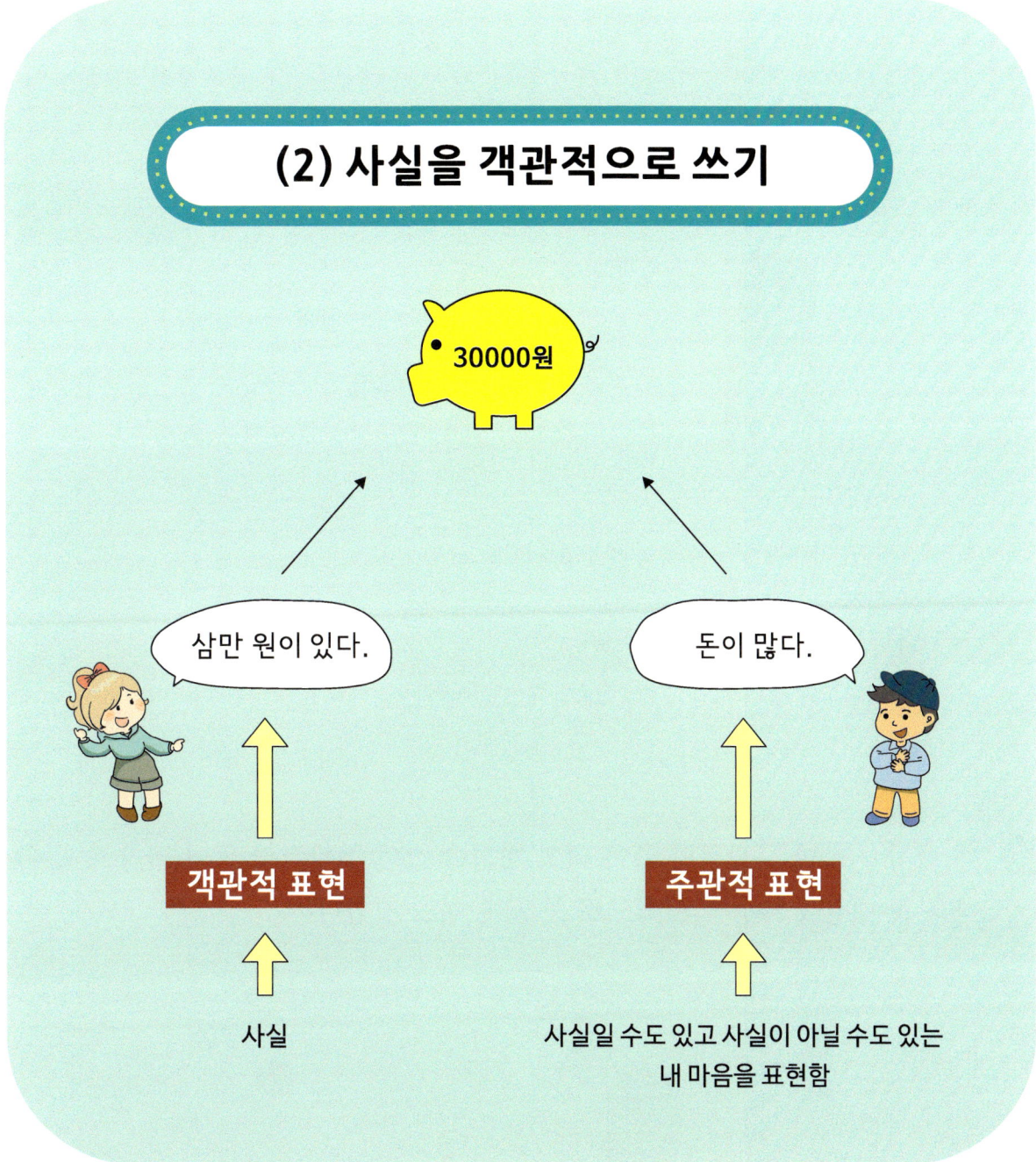

1 다음 중 객관적으로 쓴 글은 어느 것입니까? (   )

① 목소리가 진짜 예쁘다.
② 옷이 1000점을 줘도 부족할 정도로 황홀하게 아름다웠다.
③ 세상에서 제일 소중한 것은 목숨이다.
④ 계란은 한쪽이 약간 길쭉한 타원형이다.

2 내 마음을 쓰면 주관적인 글이 되고 눈에 보이는 대로 쓰면 객관적이 된다고 할 때 다음 중 **대상**을 가장 객관적으로 쓴 글은 어느 것입니까? (   )

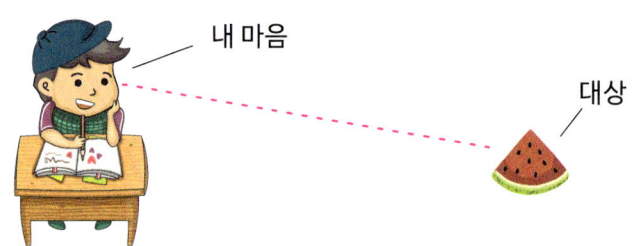

① 공부가 안 되니까 슬슬 수박이 먹고 싶어진다.
② 속이 빨간 수박 한 토막이 있다.
③ 수박이 새빨간 색깔로 나를 유혹한다.
④ 겉은 파랗지만 속이 빨간 수박은 내가 제일 싫어하는 겉다르고 속다른 녀석이다.

3 내 생각을 쓰면 주관적인 글이 되고 대상을 쓰면 객관적인 글이 된다고 할 때 다음 중 대상을 가장 **객관적으로 쓴 글**은 어느 것입니까? (   )

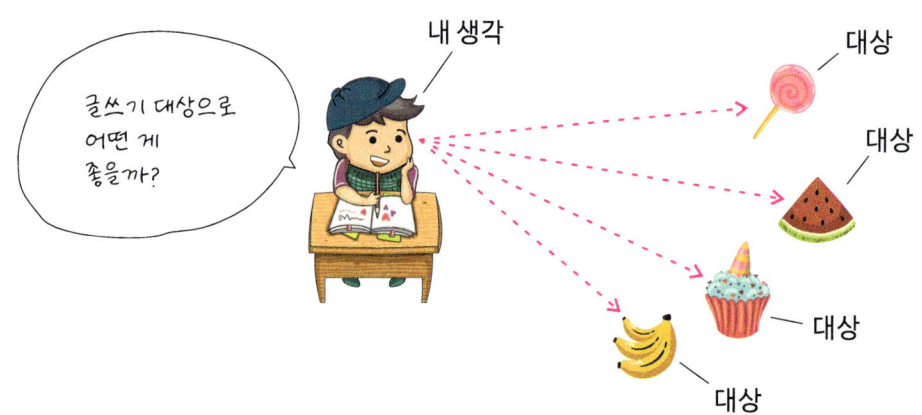

① 사탕은 충치를 생기게 하니 먹지 않는 게 좋다고 생각한다.
② 여름에 수박을 먹으면 수분을 보충할 수 있어서 좋다.
③ 핑크색 주름 그릇에 아이스크림을 담고 줄 무늬가 있는 콘을 하나 뒤집어 꽂았다.
④ 바나나 먹고 시험치면 미끄러진다.

4 대상을 객관적으로 쓴 글은 어느 것입니까? (   )

① 광호는 빵을 먹은 다음 엄마 심부름을 했다.

② 수진이가 말을 예쁘게 하는 것은 토끼처럼 겁이 많기 때문이다.

③ 만득이는 목소리도 크고 고집도 황소처럼 세다.

④ 영미한테는 백날 말해도 소용없다.

5 서로 관련있는 것을 찾아서 선으로 연결하시오.

내 마음에 있는 것을 씀 ●   ● 객관적 ●   ● 사실

대상에 있는 것을 씀 ●   ● 주관적 ●   ● 의견

6 보기와 같이 ㉠의 말을 객관적인 표현으로 바꾸어 빈 칸에 써넣으시오.

광호는 착하다. 광호는 큰소리치지 않고 고운말을 쓴다.

㉠ 호연이는 수학을 잘한다.

7 오른쪽의 그림을 가장 **객관적으로** 표현한 사람은 누구입니까? (   )

① 장미 : 여우가 두 발로 서서 항아리 안을 살피고 있다.

② 수진 : 배 고픈 여우가 먹이를 훔치려고 한다.

③ 광호 : 빈 항아리가 심심해서 여우를 불렀다.

④ 만득 : 여우는 갈증이 나서 물을 마시고 싶은 것이다.

8 오른쪽의 그림을 보고 무슨 일이 일어났는지 객관적으로 쓰시오.

9 아래의 그림을 보고 무슨 일이 일어났는지 객관적으로 쓰시오.

10 '객관적으로 글을 쓴다.'는 말과 관계가 없는 것을 고르시오. (   )

① 객관적으로 쓴다는 말은 사실대로 쓴다는 말과 같다.

② 객관적으로 글을 쓰면 누가 읽어도 거의 비슷한 뜻으로 읽힌다.

③ 사과에 대해서 객관적으로 글을 쓰면 그것은 누가 읽어도 사과다.

④ 복숭아에 대해서 객관적으로 글을 쓰면 읽는 사람에 따라 사과가 되기도 하고 수박이 되기도 한다.

※ 아래의 글을 읽고 물음에 답하시오.

설악산에 있는 울산바위는 내가 세상에 없을 때도 있었고 우리 아버지가 없을 때도 있었다. 누가 봐도 울산바위는 설악산에 있다. 그러므로 울산바위는 설악산에 객관적으로 존재한다. 그런데 '울산바위가 우리 할아버지를 닮았다.' 라는 말은 내 마음속에만 존재한다. 내가 없으면 그 말도 없어진다. ㉠그와 같이 내 마음속에만 있다가 사라지는 것을 주관적인 것이라 한다.

11 윗 글의 밑줄 친 ㉠과 관련이 없는 것을 고르시오. (   )

① 서울에 있는 국보 1호 숭례문은 주관적으로 존재하기 때문에 너는 못 볼 때가 있다.

② 청와대는 서울에 객관적으로 존재한다.

③ 누가 봐도 존재하는 건 객관적으로 존재한다고 할 수 있다.

④ 해가 질 때 노을이 생긴다. 그것은 객관적인 사실이기 때문에 누구나 해가 질 때 노을을 볼 수 있다.

글쓰기 박사되기 학습서 27

12 다음 중 잘못 말한 사람은 누구입니까? (   )

 ① 공은 내가 봐도 동그랗고 친구가 봐도 동그랗고 선생님이 봐도 동그랗고 누가 봐도 동그랗기 때문에 공이 동그랗다는 말은 객관적인 사실이다.

 ② 건물이 높다고 말하면 주관적인 표현이고 20층 높이의 건물이라고 말하면 객관적인 표현이다.

 ③ 빵이 맛있다고 말하면 내 주관적인 생각을 말한 거고, 객관적으로 말하려면 달고 새콤한 맛이 난다는 식으로 말해야 한다.

 ④ 주관적인 사람은 항상 남의 입장에서 생각하기 때문이 남을 잘 이해한다.

13 25명의 학생 중 100m를 20초 이하로 달리기한 학생은 모두 6명입니다. 옆 반 학생이 물어보았을 때 광호는 많은 학생이 20초 이하를 달렸다고 대답했습니다. 그런데 수진이는 20초 이하를 달린 아이들은 얼마 안 된다고 말했습니다. 두 학생의 말에 대해서 바르게 설명한 사람은 누구입니까? (   )

 ① 두 학생은 객관적으로 대답했다.

 ② 광호의 말이 사실이다.

 ③ 수진이 말이 사실이다.

 ④ 두 사람은 객관적으로 말하지 않았기 때문에 사실을 정확히 전달했다고 할 수 없다.

14 보기와 같이 ㉠의 말을 객관적인 글이 되도록 빈 칸에 고쳐 쓰시오.

머리를 짧게 자르니 훨씬 예쁘다. **머리를 짧게 잘랐다.**

㉠ 장미꽃이 빨갛게 피어 너무너무 예쁘다.

15 가장 객관적으로 쓴 글은 어느 것입니까? (   )

① 오리 떼가 꽥꽥 꽥꽥꽥 꽥꽥 소리 내며 골목길을 지나갔습니다.
② 오리 떼가 온 동네 사람들 잠을 깨우며 골목길을 지나갔습니다.
③ 오리가 시끄럽게 골목길을 지나갔기 때문에 하늘이 슬펐습니다.
④ 오리가 주제를 모르고 자기 세상을 만난 듯 떠들며 골목길을 지나갔습니다.

16 객관적으로 쓴 동시는 어느 것입니까? (   )

① 뿔이 두 개
  꼬리는 하나
  다리는 네 개
  배는 불뚝
  느릿느릿 걸어가는
  저것은 황소예요.

② 엄마 얼굴
  떠오르면
  가슴이 환해져요
  엄마
  나도 모르게
  불러보지요

17 가장 객관적인 낱말 하나를 고르시오. (   )

① 먹는다.   ② 게으르다   ③ 예쁘다   ④ 빠르다

18 보기와 같이 ㉠의 말을 객관적인 사실이 되도록 빈 칸에 고쳐 쓰시오.

나는 달리기를 잘한다. ➡ **나는 달리기를 잘한다고 칭찬을 들은 적이 있다.**

㉠ 나는 심부름을 잘한다.

19 보기의 글을 참조하여 아래의 노란색 박스를 객관적으로 표현하시오.

보기

부피가 1000cm³인 빨간색 정육면체 포장용 사각 박스다.

_____

_____

_____

_____

20 아래의 글을 가장 객관적으로 요약한 사람은 누구입니까? (   )

다친 토끼를 거의 동시에 발견한 곰과 사자가 서로 자신의 먹이라면서 싸웠습니다. 곰은 자신이 조금 늦게 발견했을 수 있음을 알았지만 내가 먼저 봤다고 우겼고 사자 역시 자신이 늦게 발견했을 수 있음을 알았지만 먼저 봤다고 우기며 싸웠습니다. 얼마 후 곰과 사자는 지쳐서 싸울 힘이 없었습니다.

여우가 숨어서 그 광경을 지켜보고 있다가 토끼를 물고 도망쳤습니다. 곰과 사자는 지쳐서 여우를 뒤쫓지 못했습니다. 곰과 사자가 말했습니다.

"여우 좋은 일만 시켰구나."

① 광호 : 원래 구경꾼이 제일 재미있는 법이다.

② 장미 : 하늘은 자기 자신을 속인 대가를 반드시 치르게 만든다.

③ 만득 : 곰과 사자는 어리석게 싸우고 놀부 심보를 가진 여우는 벼락 횡재를 했다.

④ 수진 : 곰과 사자가 싸우는 틈을 타서 여우가 먹이를 차지했다.

※ 아래의 글을 읽고 물음에 답하시오.

쿨쿨 잠이 든 토끼를 발견한 사자가 "옳거니."하면서 잡아먹으려고 살금살금 다가갔습니다. 그때 토끼보다 몇 배나 큰 사슴이 보였습니다. 사자는 작은 토끼를 놔두고 큰 사슴을 잡으려고 달려갔습니다.

사슴은 헐레벌떡 도망쳤습니다. 달리다가 방향을 휙 바꾸고 달리다가 또 방향을 휙 바꾸면서 사자로부터 점점 멀어졌습니다. 사자는 안 되겠다 싶어 그만두었습니다.

사자는 토끼한테로 돌아갔습니다. 그 사이 잠이 깬 토끼는 도망치고 없었습니다. 사자가 한숨을 내쉬며 말했습니다.

"더 큰 것을 먹으려다가 손 안에 든 것마저 놓쳤구나."

21 위의 글을 가장 객관적으로 요약한 글은 어느 것입니까? (　　　)

① 사자가 토끼를 잡아먹으려는데 더 큰 사슴이 보였다. 사자가 사슴을 쫓았다가 놓치고 돌아오니 토끼는 도망치고 없었다.

② 욕심 부리다가 망한 어리석은 사자.

③ 사자는 어차피 작은 토끼로 배를 채울 수 없었기 때문에 먹으나 안 먹으나 별로 억울해 하지 않아도 된다.

④ 사자가 토끼를 잡아먹으려는데 욕심이 많았기 때문에 사슴이 눈에 띄었다.

22 아래의 글을 객관적으로 요약하시오.

여우와 들개가 싸우고 있었어요. 한참 싸워도 승부가 나지 않았어요. 여우는 그만 싸우고 싶었지만 말을 꺼낼 수 없었어요. 그런 말을 들으면 들개가 힘을 내어 더 사납게 달려들 것 같았어요. 그런 마음은 들개한테도 똑같이 있었어요. 그래서 둘은 지칠 때까지 싸우다가 사이좋게 호랑이 먹이가 되었어요.

_____

_____

_____

정답 21p~31p

01 ④

02 ②

① 공부가 안 되니까 슬슬 수박이 먹고 싶어진다. ← 마음을 표현
② 속이 빨간 수박 한 토막이 있다. ← 객관적으로 표현
③ 수박이 새빨간 색깔로 나를 유혹한다. ← 마음을 표현
④ 겉은 파랗지만 속이 빨간 수박은 내가 제일 싫어하는 겉다르고 속다른 녀석이다. ← 마음을 표현

03 ③

04 ①

05 서로 관련있는 것을 찾아서 선으로 연결하시오.

내 마음에 있는 것을 씀 — 객관적 — 사실
대상에 있는 것을 씀 — 주관적 — 의견
(내 마음에 있는 것을 씀 ↔ 주관적, 대상에 있는 것을 씀 ↔ 객관적)

06 호연이는 수학 시험에서 100점 맞았다.

07 ①

08 광호가 잠자리를 보고 무서워하며 영미 뒤에 숨었다. 영미가 잠자리는 사람 안 무니까 무서워하지 않아도 된다고 말했다.

※ 객관적으로 쓰려면 내 생각을 쓰지 말고 눈으로 보고 귀로 들은 사실만 씁니다.

09

아줌마 발밑에 돈이 떨어져 있었다. 아줌마는 남편과 전화로 이야기하고 있었다. 시장 다녀오는 중인데 비싸서 야채 조금 샀다고 말했다. 그때 영미가 "아줌마 돈 떨어졌어요." 하고 말했다. 아줌마가 "돈이 왜 떨어져? 나 돈 많아."하고 말했다.

10 ④

11 ①

12 ④

13 ④

14 장미꽃이 빨갛게 피었다.

15 ①

16 ①

17 ①

① 먹는다. ← 객관적인 표현입니다. 먹는 모습을 보면 누가 봐도 먹는다고 말할 수밖에 없어요.

② 게으르다 ← 다른 사람이 보면 다르게 보일 수 있으므로 주관적인 표현입니다.

③ 예쁘다. ← 내 눈에는 예쁘지만 다른 사람 눈에는 예쁘지 않을 수 있으니 주관적인 표현입니다.

④ 빠르다. ← 내 눈에는 빠르게 보여도 다른 사람 눈에는 느리게 보일 수 있으니 주관적인 표현입니다. 그러나 자동차보다 비행기가 빠르다고 말하면 객관적인 표현이 될 수 있어요.

18 나는 심부름을 잘한다고 칭찬을 들은 적이 있다.

19 가로 10cm 세로 10cm 높이 20cm 크기의 노란색 포장용 사각박스다.

20 ④

21 ①

22 여우와 들개가 싸우는데 둘 다 속으로는 싸우기 싫었지만 그 말을 꺼낼 수 없어 지칠 때까지 싸우다가 호랑이 먹이가 되었다.

※ 요약할 때에는 중요한 사실을 찾아서 간단히 적습니다.

단원 2

'마음' 한 가지 내용으로 쓰기

나는 '마음' 한 가지 내용으로 동시도 쓰고 일기도 쓸 수 있어요.

마음으로 적으면 내 맘대로 쓸 수 있어요!

(1) 마음으로 쓰기

마음으로 쓴다는 건 사실을 쓰지 않겠는다는 뜻과 같아요.

'비가 온다'는 말은 사실적인 표현이지만
'비가 노랗게 온다'는 말은 사실이 아닌
마음의 표현입니다.

세상에는 온갖 사실이 있어요.
그 중에서 '비가 온다'는 사실에 '노랗다'는
관련 없는 사실을
더하면
재미있는 마음의 표현이
될 수 있어요.

엉뚱한 사실을 섞는 건
마음에서만 할 수 있는 일이랍니다.

> 난 사실에서 먼 이야기일수록 재미있더라.

> 너무 멀면 황당할 것 같은데?

 1 마음을 쓴 글이 아닌 것을 고르시오. (　　　)

① 나무가 파릇파릇 웃고 있다. ⇐ 사실에 엉뚱한 사실을 더해서 사실이 아닌 것으로 만들어 씀
② 나는 가수가 되고 싶다. ⇐ 원하는 것을 씀
③ 하늘도 끝이 있을까? ⇐ 질문
④ 계란은 한쪽이 약간 길쭉한 타원형이다. ⇐ 객관적으로 씀

② '사실적인 글(검정 글자)'에 빨간색 글을 넣어 마음의 표현이 된 글 3개를 찾으시오. (   )

① 나는 오늘 천사의 날개를 단 기분으로 학교에 간다.

② 어제 하루 종일 등을 떠미는 호랑이가 있어 어쩔 수 없이 놀았다.

③ 내가 싫어하는 자동차가 지나갈 때 빵 소리가 나는 바람에 넘어질 번했다.

④ 나는 아침마다 말을 깨끗하게 하려고 이빨을 닦는다.

③ 보기와 같이 ㉠질문을 ㉡의 빈 칸에 '마음의 글'로 답하시오.

㉠질문

은행잎은 왜 노랄까?

⬇

㉡대답

은행잎은
겁이 많아서
떨어지기 전에
노랗게 얼굴이 질린다

은행잎은
엄마와 헤어지기 싫어서
손을 놓기 전에
노랗게
얼굴이 변한다

㉠질문

나뭇잎은 왜 파랄까?

⬇

㉡대답

4. 아래의 글을 읽고 ㉠의 질문에 마음의 글로 대답하시오.

같은 일을 반복하면 습관이 된다. 습관이 생기면 생각 없이 습관대로 행동하게 된다. 그러므로 좋은 습관이 생기면 생각하지 않아도 좋은 행동을 하고 나쁜 습관이 생기면 생각하지 않아도 나쁜 행동을 하게 된다. 고운말을 자주 쓰면 고운말 습관이 생겨서 나중에는 아무 생각이 없어도 고운말을 쓰게 되고 나쁜 말을 쓰는 습관이 생기면 아무 생각이 없어도 나쁜 말을 쓰게 된다. 따라서 사람은 어릴 때부터 습관을 잘 들여야 한다. 밥 투정하는 습관이 생기면 어른이 되어서도 생각 없이 밥 투정을 하고 남의 생각을 부정하는 습관이 생기면 어른이 되어서도 생각없이 남의 생각을 부정하게 된다.

㉠ 질문

| 습관을 어떻게 고칠까? |

㉠ 질문

| 나쁜 습관이 생기면 어떻게 될까? |

㉡ 대답

습관은 습관으로 고쳐야 할 것 같다.
나쁜 습관이 있으면
좋은 습관을 들여서 고치고
잘못된 습관이 있으면 옳은 습관을
들여서 고친다.
예를 들어 세수를 안 하는 습관이
있으면
매일 세수하는 습관을 들이면 된다.

㉡ 대답

5 마음을 표현했다고 보기 어려운 사람은 누구입니까? (   )

① 도와줘서 고마워.

② 오늘은 모든 걸 용서할 수 있을 정도로 기분이 좋다.

③ 물은 100도에 끓는다.

④ 너의 그 영리한 머리가 내 머리였으면 좋겠다.

6 사실적인 글이 아닌 마음의 글을 고르시오. (   )

① 장미는 엄마 심부름을 가다가 삼촌을 만났다.

② 광호는 일요일 친구와 냇가에 가서 미꾸라지를 잡았다.

③ 우리 반 학생 수는 16명이다.

④ 풀은 비바람을 이기려고 어쩔 수 없이 파랗다.

7 다음 중 마음대로 쓰면 안 되는 것을 고르시오. (   )

① 보고서   ② 의견서   ③ 질문   ④ 논평문   ⑤ 희망

[보고서] 어떤 사실을 누구에게 보고하기 위해서 쓴 글.
[의견서] 어떤 일에 대하여 가지는 생각을 적은 글
[논평문] 어떤 일에 대하여 이러쿵저러쿵 논하거나 평가한 글.

8 보기와 같이 **사실적인 글이 마음의 글**이 되도록 빈 칸에 적당한 말을 써넣으시오.

선생님의 언성이 [교실의 기압을 올리려고] 높아졌다.

① 지구는 [   ] 둥글다.

② 사람들이 [   ] 저 사람은 부지런하다고 한다.

③ 빨간 안경을 쓰면 [   ] 빨갛게 보인다.

④ 뛰어가면 걸어갈 때보다 [   ] 빠르게 간다.

⑤ 나뭇가지에 [   ] 눈이 쌓였다.

9 다음은 마음을 쓴 글입니다. 보기에서 마음의 종류를 골라 괄호에 써넣으시오.

논평   의문   희망   기분

① 지구는 사람이 둥글둥글하게 살라고 둥글다. (   )

② 저 사람은 부지런하고 일을 잘한다. (   )

③ 이것은 어째서 이 색깔이 되었을까? (   )

④ 네가 빨간머리를 가졌으면 좋겠다. (   )

⑤ 겨울나무 같은 쓸쓸한 내 마음. (   )

10 글을 쓸 때 사실을 쓸 수도 있고 마음을 쓸 수도 있습니다. 사실은 주로 눈으로 보이는 행위, 방법 등이고 마음은 보이지 않는 생각이나 느낌, 기분 같은 것입니다. 그런데 동시는 주로 마음을 쓰는 글이기 때문에 마음을 쓸 때가 많습니다. 다음 중 마음을 표현한 동시는 어느 것입니까? (   )

① 엄마는
국경일이라고
태극기를 달려고 하고
아빠는
아무도 안 달았다며 말리고
나는
중간에서
구경만 하고

② 학교에는 도깨비가 산다
내가 아무리
일등을 하고 싶어도
일등을 못하게 하는
도깨비가 산다
시험만 치면 아는 문제도
틀리게 만드는
얄미운 도깨비

11 사실적인 글이 마음의 글이 되도록 빈 칸에 적당한 말을 써넣으시오.

음악 시간에 [   ] 북을 쳤다.

12 사실을 적은 글에는 사실, 거짓을 적은 글에는 거짓, 의견(마음)을 적은 글에는 의견이라고 써넣으시오.

① 장미 : 6.25전쟁은 김일성의 인민군이 남한을 공산화시키려고 침략해서 벌어진 전쟁이다. ➡ ☐☐

② 수진 : 그때 공산화가 되었으면 지금 우리는 공산당 노예가 되었을 거야. ➡ ☐☐

③ 광호 : 6.25전쟁으로 엄청나게 많은 국군과 국민이 죽거나 다쳤다. ➡ ☐☐

④ 만득 : 6.25전쟁 때 이성계 장군의 위화도 회군이 있었다. ➡ ☐☐

⑬ 마음의 글이 되도록 오른쪽의 그림 청자와 백자를 비교하는 글을 쓰시오.

사실과 거짓과 의견

⑭ 마음을 가장 많이 담아서 말한 사람을 고르시오. (   )

① 수진이는 마음도 착한데 국어도 잘하고 말도 예쁘게 하고 운동도 잘하고 게다가 머리까지 좋아서 못하는 게 없기 때문에 나는 항상 수진이를 최고라고 생각한다.

② 장미는 옷을 무지무지 예쁘게 잘 입는다.

③ 만득이는 착해서 심부름을 잘 다니는 거 같더라.

④ 광호는 운동을 잘하고 힘도 세니까 나중에 체육대학에 가도 될 거 같다.

15 사실적인 이야기와 마음을 쓴 이야기가 있습니다. 글을 읽고 빈 괄호에 '사실적인 이야기' 또는 '마음을 쓴 이야기'라고 써넣으시오.

㉠ (   )　　　　　㉡ (   )

㉠	㉡
그날 아버지는 밭에 가셨고 엄마는 시장에 가셨다. 나는 혼자 집을 보다 낮잠이 들었는데 얼마 후 화끈한 열기를 느껴 깨어보니 옆집 순이네 지붕에 시뻘건 불길이 타오르고 있었다. 검은 연기가 하늘로 치솟았다. 골목으로 뛰어나갔을 때 순이가 울면서 "우리 엄마 살려주세요." 소리쳤다. 옆집에 사는 윤기 형이 대문으로 들어가더니 순이 엄마를 업고 나왔다. 순이 엄마는 움직임이 없었다. 축 늘어져 있었다.	먼 산을 보고 앉아서 옛생각을 하니 옛동무 얼굴이 희미하게 떠오른다. 어릴 때 내 친구 하나는 꾀가 많고 모험심이 있으며 놀기를 좋아하였는데 어느 날 내일 아침 일찍 같이 갈 곳이 있으니 만나자고 했다. 나는 이유를 묻지 않고 선뜻 그러자고 대답했다. 나는 내일 있을 일을 전혀 궁금해 하지 않았다. 나는 그 친구와 같이 놀기만 해도 좋았고 언제나 믿었다. 같이 무슨 일이든 하면 재미있었고 두려운 게 없었다.

16 보기의 글은 마음을 쓴 동시입니다. 보기의 동시를 참고하여 빈 칸에 마음의 글 또는 마음의 동시를 쓰시오.

겨울 해는
낮이 짧아 집에 빨리 간다
제 할일을 대충하고
빨리 간다
그래서 겨울은 춥나보다
겨울 해가 가버린 자리에
밤이 찾아온다
긴 밤이 싫어서 해는 그렇게
빨리 가버렸나
해도
자기 집이 제일 좋은가 보다

※ 아래의 대화를 읽고 질문에 답하시오.

장미 : 돼지고기는 냄새가 나는데 특히 수퇘지고기에서 냄새가 많이 난대. 그런데 말이야….

수진 : 아니 그건 사실이 아닌 것 같아. 저번에 돼지고기를 먹었는데 냄새가 안 났거든.

장미 : 네 엄마가 냄새 안 나게 요리를 잘했겠지.

광호 : 근데 나도 냄새가 난다는 말은 금시초문이야.

장미 : 내 말을 끝까지 들어 봐. 나는 사실을 말하고 있어.

광호 : 사실이 아닌 것 같아.

장미 : 내가 사실이라고 말하잖아.

광호 : 나는 사실이 아닌 것 같다고 말하잖아. 나도 말할 자유가 있어야지.

수진 : 내 생각도 광호와 같아. 근데 의견은 누구나 말할 수 있어.

장미 : (침묵)

수진 : 그런데 무슨 말을 하다가 만 거니?

장미 : (침묵)

광호 : 냄새가 난다는 말까지 한 것 같아.

장미 : (침묵)

수진 : (장미를 쳐다보며)너는 사실이라고 하지만 그건 너 생각이고 우리한테는 사실이 아닐 수 있어. 넌 그걸 알아야 해.

장미 : 됐어. 너희들 맘대로 생각해. 난 집에 갈 거야.

 장미는 왜 침묵을 지키다가 집에 갈 거라고 말했을까요? 그 이유를 짐작해서 마음의 글이 되도록 쓰시오.

정답 35p~43p

01 ④

02 ①②④

마음
③ 내가 싫어하는 자동차가 지나갈 때 넘어질 번했다.
빵 소리가 나는 바람에
사실

03 채점 기준: 마음의 글로 답하면 정답

▶예시 답안
나뭇잎은
떨어질까 겁이 나서 파랗다
엄마 손을 놓칠까 겁이 나서 파랗다
혼자서 어디론가 멀리
가버리게 될까 겁이 나서 파랗다
그러다가 그러다가
겁이 없어지면 빨간 얼굴이 되어
떨어진다

04 채점 기준: 마음을 표현한 글로 대답하면 정답

▶예시 답안

나쁜 습관이 생기면 생각 없이 나쁜 일을 저지르고 미움받기 때문에 자기가 자기에게 벌을 주는 것과 같다. 생각 없이 일을 저지르면 뭘 잘못했는지 모르기 때문에 반성도 않고 계속 나쁜 짓을 하다가 더 많은 미움을 받게 된다.

05 ③

06 ④

07 ①

08 채점 기준: 마음의 글로 바뀌면 정답

▶예시 답안

① 지구는 내 마음을 닮아서 둥글다.
② 사람들이 내 생각과 다르게 저 사람은 부지런하다고 한다.
③ 빨간 안경을 쓰면 너의 마음까지 빨갛게 보인다.
④ 뛰어가면 걸어갈 때보다 내 아픈 마음이 더욱 빠르게 간다.
⑤ 나뭇가지에 우리 엄마 하얀 마음을 담은 눈이 쌓였다.

09
① 지구는 사람이 둥글둥글하게 살라고 둥글다. (논평)
② 저 사람은 부지런하고 일을 잘한다. (논평)
③ 이것은 어째서 이 색깔이 되었을까? (의문)
④ 네가 빨간머리를 가졌으면 좋겠다. (희망)
⑤ 겨울나무 같은 쓸쓸한 내 마음. (기분)

10 ②

11 ▶예시 답안

음악 시간에 내 귀를 시원하게 뚫어주는 북을 쳤다.

12 ① 사실
② 의견
③ 사실
④ 거짓

13 채점 기준: 청자와 백자를 비교해서 쓰면 정답

▶예시 답안

청자는 고려시대 푸른 옷을 입은 것 같고 백자는 조선시대 흰 옷을 입은 것 같다. 청자는 여름 같고 백자는 겨울 같다. 청자는 고려시대 무인처럼 기백이 있고 백자는 조선시대 백성들처럼 순수해 보인다. 청자가 화려한 도시라면 백자는 소박한 시골이다.

14 ① ← 6가지 마음을 담음.
수진이는 마음도 착한데 국어도 잘하고 말도 예쁘게 하고 운동도 잘하고 게다가 머리까지 좋아서 못하는 게 없기 때문에 나는 항상 수진이를 최고라고 생각한다.

15 ㉠ 사실적인 이야기 ㉡ 마음을 쓴 이야기

16 채점 기준: 마음의 글이나 동시를 쓰면 정답

17 채점 기준: 어떤 이유든 쓰면 정답

▶예시 답안

장미는 할말을 다 못했기 때문에 말을 더 하고 싶었다. 친구들이 말을 끊고 성급하게 부정했기 때문에 기분이 안 좋았다. 끝까지 들었으면 반박을 안 당해도 될 이야기였을 수 있다. 장미는 말도 끝까지 못하고 거짓말을 한 셈이 되어 화가 났다.

(2) 마음으로 논평하기

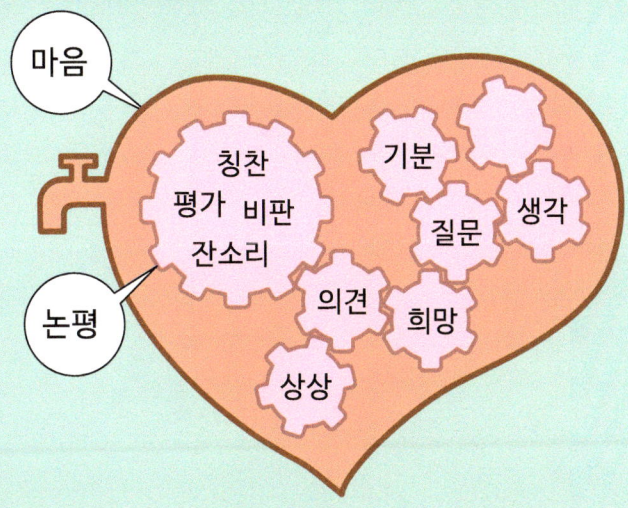

1 보기를 읽고 논평이라고 할 수 없는 말 하나를 고르시오. (   )

> 논평 : 어떤 대상에 대하여 이러쿵저러쿵 논하거나 평가하는 말

① 학교가 방학을 했다. ◀──────────── 학교의 일을 사실대로 알림
② 나는 새다. ◀──────────── 나를 새로 평가함
③ 해는 동쪽에서 뜨는데 너는 서쪽에서 뜨는 해다. ◀──── 너를 해로 평가함
④ 너는 호랑이다. ◀──────────── 너를 호랑이로 평가함

2 다음 중 잘못 말한 하나를 고르시오. (   )

① 어떤 대상에 대해서 이렇다저렇다 평하면 논평했다고 할 수 있다.
② 좋다 나쁘다 말하는 걸 평한다고 하는데 조리 있게 평하면 설득력 있는 논평이 된다.
③ 조리 있게 평하면 설득력 있는 논평이고 조리 없이 평하면 설득력이 부족한 논평이 된다.
④ 논평은 반드시 어른이 해야 한다.

> [설득력] 상대편이 이쪽 편의 이야기에 동의하거나 따르도록 만드는 힘.

3 논평은 무엇을 이렇다저렇다 마음으로 평하는 것이므로 '나무'라는 제목의 글을 쓸 때 나무를 논평한다고 생각하면 조금 더 수월하게 마음의 글을 쓸 수 있답니다. 다음 중 나무를 논평했다고 볼 수 있는 글은 어느 것입니까? (   )

①

배롱나무라고도 불리는 백일홍 나무는 꽃이 100일 간다고 해서 붙은 이름이다. 화무십일홍이란 말이 있듯이 꽃은 대략 10일을 살고 지는데 백일홍 나무의 짙은 분홍빛 꽃은 여름부터 가을까지 거의 100일을 핀다. 사실은 꽃이 100일 동안 시들지 않는 건 아니고 이쪽 가지의 꽃이 지면 저쪽 가지의 꽃이 피는 식으로 백일 동안 꽃이 계속 되는 것이다.

②

나무는 걱정이 많다.
꼼짝도 않고 서서 걱정만 하느라고
구불구불하다.
걱정이 많아서 이파리들이 한 해를
못 넘기고 빨갛게
속이 타서 떨어진다.
무슨 걱정이 그다지
많기에
밥도 안 먹고
물만 먹다가
미처 겨울이 오기 전에
바짝 말라버리는 건지.

4 다음 중 누구를 논평한 것처럼 말한 사람은 누구입니까? (   )

① 배 고파서 밥을 두 그릇 먹었다.
② 너는 그까짓 일을 못해서 쩔쩔 매는구나.
③ 추워서 감기 들까봐 두꺼운 옷을 입었다.
④ 집에서 일어난 일은 밖에 나가서 말하기 싫다.

5 밑줄 친 글 중 앞의 말을 논평한 글은 어느 것입니까? (   )

① 이것은 맛있는 쌀밥이다. <u>쌀밥은 옛날사람들이 몹시 먹고 싶어 하였던 밥이다.</u>
② 이번 시험은 망쳤다. <u>다음 시험은 내년에 있다.</u>
③ 바다에는 고래가 있다. <u>강에는 잉어가 있다.</u>
④ 곽재우 장군을 안다. <u>곽재우 장군은 임진왜란 때 의병장이다.</u>

※ 논평문에 대한 아래의 대화를 읽고 질문에 답하시오.

장미 : 논평문을 쓰라는데 어떻게 쓰지?
수진 : 나도 그거 썼어.
장미 : 어떻게 썼어?
수진 : 논평문은 평하는 글이니까 그냥 마음대로 평했지. 근데 평하는 방법에는 두 가지가 있는 거 같아. 긍정적으로 평하든지 아니면 부정적으로 평하든지.
장미 : 그럼 어제 내가 광호와 놀다가 광호가 고집을 부려서 짜증났는데 내가 참았어. 논평 좀 해봐.
수진 : 다투는 건 안 좋은 일이니까 참은 네가 좋은 일을 한 거야.
장미 : 긍정적으로 논평해줘서 고마워. 근데 논평문을 길게 쓰려면 어떻게 해야 할까?
수진 : 길게 쓰려면 긍정하는 것과 부정하는 것 둘 다 찾아서 쓰고 그 이유까지 조리 있게 쓰면 될 것 같은데?
장미 : 알았다. 칭찬도 하고 흉도 보란 말이지?
수진 : 뭐 그런 셈이지. 그래도 칭찬을 더 많이 해야 하지 않을까? 싫은 소리는 한 마디만 들어도 기분 나쁘니까.
만득 : 헤헤헤. 난 남 이야기는 하루 종일 할 수 있어. 흉도 하루 종일 볼 수 있지. 그럼 나도 논평문 잘 쓸 수 있겠네?
수진 : 그래 넌 진짜 잘 쓸 것 같다.

6 ㉠ 나는 어제 신나게 놀았다. ㉡ <u>노는 건 즐거운 일이다.</u> 여기서 ㉡은 어제 신나게 놀았다는 ㉠의 말을 긍정적으로 논평한 말입니다. 마찬가지의 방법으로 아래의 글에 대한 논평을 빈 괄호에 써넣으시오.

영지가 만득이한테 수학문제 푸는 방법을 가르쳐주었다. (   )

7 밑줄 친 글 중 앞의 말을 논평한 글이 아닌 것을 고르시오. (   )

① 방학 때 서울을 여행했다. <u>사람은 서울로 말은 제주도로 보내라던 그 서울이다.</u>

② 나는 연예인이 되고 싶다. <u>연예인은 인기도 있고 돈도 잘 번다.</u>

③ 하늘이 흐리다. <u>하늘이 내 마음 같다.</u>

④ 배가 고파서 라면을 먹었다. <u>그리고 잤다.</u>

8 다음은 어떤 학생이 핸드폰에 대해서 논평한 글입니다. 다음의 논평에 대해서 가장 바르게 말한 사람은 누구입니까? (   )

> 핸드폰이 '인형청소기'가 되었다. 요즘에는 핸드폰 때문에 인형하고 노는 사람이 거의 없다. 핸드폰을 갖고 노는 어린이는 봤어도 인형 갖고 노는 어린이는 못 본 거 같다. 핸드폰에는 같이 놀아주는 사람이 10000명쯤 들어있다. 그러니 만날 핸드폰만 쳐다본다. 핸드폰은 알고보면 무시무시한 인형청소기다.

① 논평으로 정확한 사실을 전달하고 있다.
② 핸드폰을 비판적으로 논평했다.
③ 비판하는 게 논평이니까 핸드폰을 매우 나쁜 것으로 평가하여 좋은 논평이 되었다.
④ 핸드폰을 긍정적으로 논평했다.

※ 다음의 글을 읽고 물음에 답하시오.

> 시장에서 아이가 울고 있었다. 엄마가 달랬지만 아이는 계속 울었다. 엄마는 하는 수 없이 아이에게 원하는 걸 사주겠다고 약속했다. 얼마 후 아이는 즐거운 표정이었고 엄마는 장난감을 사는데 돈을 다 써버려 시장 보기를 포기한 뒤 집으로 돌아갔다.

9 위의 글을 논평했다고 볼 수 없는 사람은 누구입니까? (   )

① 좋은 엄마다. 그 엄마는 아이를 위해 모든 걸 다 해줄 것 같다.
② 고집이 센 아이다. 울고 떼쓴다고 사주면 버릇 나빠진다.
③ 엄마는 아이 때문에 시장보기를 포기한 뒤 집으로 돌아갔다.
④ 아이는 갖고 싶은 걸 얻기 위해 우는 방법밖에는 없다. 그렇기 때문에 운다고 나무라지 않은 엄마가 현명하다.

10 위의 글을 간단히 논평하시오.

※ 아래의 글을 읽고 질문에 답하시오.

"수박이 달지 않아서 맛없다."라고 말할 때가 있고 "수박이 맛없다."라고 말할 때가 있다. 둘 다 수박을 논평한 것인데 하나는 이유가 있고 하나는 이유를 생략했다.

그와 같이 이유가 있으면 근거 있는 논평이 되고 이유가 없으면 근거를 생략한 논평이 된다. 이유가 있어도 그 이유가 황당한 경우에는 근거 부족한 논평이 된다.

그러므로 논평을 할 때에는 이유를 밝히면 좋지만 모든 경우에 밝힐 필요는 없다. 친구와 같이 논 뒤 "오늘 재미있게 놀았다."라고 표현할 때가 있듯이 논평을 듣거나 읽는 사람이 이유를 짐작할 만한 상황이라면 생략할 수 있다.

⓫ 근거가 있는(이유를 밝히고 있는) **논평은 어느 것입니까? (　　　)**

① 우리 삼촌은 성격이 급하다.
② 저 자동차는 우리 아버지 마음에 들 만하다.
③ 개미는 빠르다.
④ 꽃은 누구나 예쁘게 여기기 때문에 누구에게 비유해도 좋은 식물이다.

⓬ 근거를 생략한 논평은 어느 것입니까? (　　　)

① 세상은 신비롭고 아름답다.
② 해가 동쪽에서 뜨기 때문에 동쪽은 희망의 방향이다.
③ 그 먼 곳을 단 한 시간 만에 갔다면 그들은 귀신이나 다름없다.
④ 소리를 잘 지르는 걸 보니 어릴 때 시끄러운 집안에서 살았겠다.

※ 다음의 네 칸 만화를 보고 물음에 답하시오.

⑬ 위의 네 칸 만화를 논평한 것으로 보기 어려운 글을 고르시오. (　　　　)

① 할머니는 친구가 없어서 집에만 있다 보니 잔소리만 느셨나 보다.

② 속사정도 모르고 함부로 말하지 말라는 뜻이다.

③ 쓸쓸하다는 할머니한테 그런 식으로 말하면 안 된다고 생각한다.

④ 할머니가 친구가 없다고 하니까 논평만 해서 친구가 없는 거라고 아줌마가 말했다.

⑭ 위의 네 칸 만화를 간략하게 논평하시오.

※ 아래의 글을 읽고 질문에 답하시오.

세종대왕이 밤 늦도록 한글 연구를 하다가 배가 출출하여 시종에게 야식을 가져오라 시켰습니다. 잠시 후 가져온 음식을 꿀떡꿀떡 먹다가 왕이 말하였습니다.

"사람은 먹을 때 행복한 듯하네. 그런데 몇 시간이 지나면 또 먹을 수 있고 또 몇 시간이 지나면 먹을 수 있네. 그러니 사람은 누구나 행복할 수 있네."

"그러하옵니다. 전하."

"그런데 과인은 하루에 다섯 끼니를 먹으니 다섯 번 행복한데 자네는 하루 두 끼를 먹으니 겨우 두 번 행복할 수 있겠네."

"아니옵니다. 전하."

"어째서 아닌가"

"전하께서 식사하시는 다섯 번에다가 제가 먹는 두 끼를 합하여 저는 매일 일곱 번 행복하옵니다."

"내가 밥먹을 때 자네가 어째서 행복한가?"

"전하의 식사를 제가 챙기기 때문이옵니다. 전하께서 식사를 잘하시고 건강하시면 만백성이 기뻐할 것입니다."

시종의 말을 들은 세종대왕이 고개를 끄덕끄덕하더니,

"자네 말이 맞네. 오로지 자기 자신에게 밥을 주는 사람은 하루 세 번 행복할 수 있고 누군가에게 밥을 주는 사람은 하루 열 번도 행복할 수 있겠구나. 자네가 나를 깨우쳤으니 상을 주겠네."

하고서 베 한 필을 상으로 주었습니다.

15 위 이야기를 논평하시오.

16 다음 중 근거 없이 논평한 사람은 누구입니까? (   )

① 현명한 생각을 가진 시종이다.
② 시종의 재치있는 대답에 임금이 감명을 받아 상을 주었다.
③ 세종대왕은 배가 고팠기 때문에 야식이 행복하도록 맛있었을 것이다.
④ 시종이 간신이기 때문에 상을 노리고 마음에 없는 말을 했다.

17 보기와 같이 밑줄 친 글이 앞의 말을 논평한 것은? (   )

> 찬바람이 분다.   마음을 얼게 만드는 바람이다.   (논평)

① 서울에 다녀왔다. 피곤해서 잤다.
② 방학이다. 방학은 학교 가기 싫은 아이들에게 천사의 선물이다.
③ 겨울이 왔다. 일주일 후 크리스마스다.
④ 라면을 찾고 있었다. 한참 찾았으나 못 찾고 굶고 말았다.

18 빈 칸에 앞의 말을 논평하시오.

① 거짓말을 했다. [   ]

② 엄마 심부름을 했다. [   ]

③ 컴퓨터게임을 했다. [   ]

④ 친구와 놀았다. [   ]

⑤ 어른이 되기 싫다. [   ]

정답 45p~53p

01 ①

02 ④

03 ②

04 ②

05 ①
① 쌀에 대해서 논평함 ②③④ ← 사실을 말함

06 채점 기준 논평에 해당하는 글을 쓰면 정답

▶예시 답안 1 (긍정)
영지는 공부도 잘하고 성격도 좋다.

▶예시 답안 2 (긍정 + 이유)
영지는 성격이 좋다. 만득이가 알아듣지 못하는데도 포기하지 않고 친절하게 끝까지 문제 푸는 방법을 알려주었다.

07 ④

08 ②
① 논평으로 정확한 사실을 전달하고 있다. (×)
▶ 논평은 마음을 표현하는 방법이지 사실을 전달하는 수단이 아닙니다.
② 핸드폰을 비판적으로 논평했다. (○)
▶ 논평은 자신의 생각으로 무엇을 비판하거나 칭찬하는 글입니다.
③ 비판하는 게 논평이니까 핸드폰을 매우 나쁜 것으로 평가하여 좋은 논평이 되었다. (×)
▶ 논평은 비판도 하지만 칭찬도 합니다.
④ 핸드폰을 긍정적으로 논평했다. (×)
▶ 핸드폰의 부정적인 영향에 대해서 논평한 글입니다.

09 ③ ← 논평이 아닌 사실을 요약한 말

10 채점 기준 논평에 해당하는 글을 쓰면 정답

▶예시 답안
아이는 원하는 걸 얻기 위해서 운다. 그러나 시장에서 울 필요는 없었을 것 같다. 시장에는 구경거리가 많아서 구경만해도 재미있기 때문이다. 엄마가 짜증이 많이 났을 거 같다. 다행히 아이한테 마음씨 좋은 엄마가 있었다.

11 ④

12 ①

13 ④ ← 사실을 말함.

14 채점 기준 논평에 해당하는 글을 쓰면 정답

▶예시 답안
할머니 할아버지가 되면 친구가 별로 없을 거 같다. 그러면 가족이 친구 역할을 해주면 좋을 것 같다.

15 채점 기준 논평에 해당하는 글을 쓰면 정답

▶예시 답안 1
현명한 왕 밑에 현명한 신하다.

▶예시 답안 2
맛있는 밥을 먹으면 행복하고 맛없는 밥을 먹으면 행복하지 않다. 그런데 배가 고프면 모든 밥이 맛있다. 밥으로 행복하려면 배가 고프도록 일을 한 뒤 먹어야 하는데 세종대왕은 언제나 일을 많이 하기 때문에 밥 먹을 때마다 행복할 수 있었을 것 같다.

16 ④ ← 상을 노린다는 이야기는 어디에도 없음

17 ②

18 채점 기준 논평에 해당하는 글을 쓰면 정답

▶예시 답안
① 그것은 어리석은 실수였다.
② 엄마를 도와줄 수 있는 유일한 방법이다.
③ 인생의 낭비다.
④ 친구와 노는 건 항상 즐겁다.
⑤ 그런 생각을 해야만 하는 내가 안타깝다.

단원 3

'사실+마음' 두 가지 내용으로 쓰기

나는 '사실과 마음' 두 가지 내용으로 동시도 쓰고 일기를 써요.

두 가지 내용을 적으면 더 많은 걸 적을 수 있어요.

말의 순서와 글의 순서

사람은 아기 때부터 말하는 습관을 배워요.
습관을 들여서 말하기 때문에
주의 깊게 생각하지 않아도 즉각즉각 말하는 방법에 맞춰 말을 자연스럽게 한답니다.

습관이 잘못된 사람은 습관적으로 잘못 말하게 되고
습관이 바른 사람은 습관적으로 말을 바르게 합니다.

그런데 말할 때처럼 글을 쓰려고 하면 잘 쓸 수 없답니다.
말은 생각하지 않아도 주절주절 할 수 있지만 글은 생각을 쓰기 때문에
생각하면서 써야 합니다.

그런데 생각을 많이 해도 글을 잘 쓰기 어렵답니다.
왜냐하면 글쓰기에 맞는 길을 따라가지 않았기 때문입니다.
글은 생각이 필요하지만
글쓰기에 맞는 방법으로 생각해야 합니다.

글쓰기에 맞는 생각하는 방법은 말의 순서에서 찾아볼 수 있습니다.
사람은 습관적으로 말하기 때문에 말이 어떤 순서를 가졌는지 잘 모르지만
주의 깊게 생각해 보면 알 수 있답니다.

기본적인 말의 순서 = 기본적인 생각의 순서

사실 ➡ 마음

1. 사실 + 마음

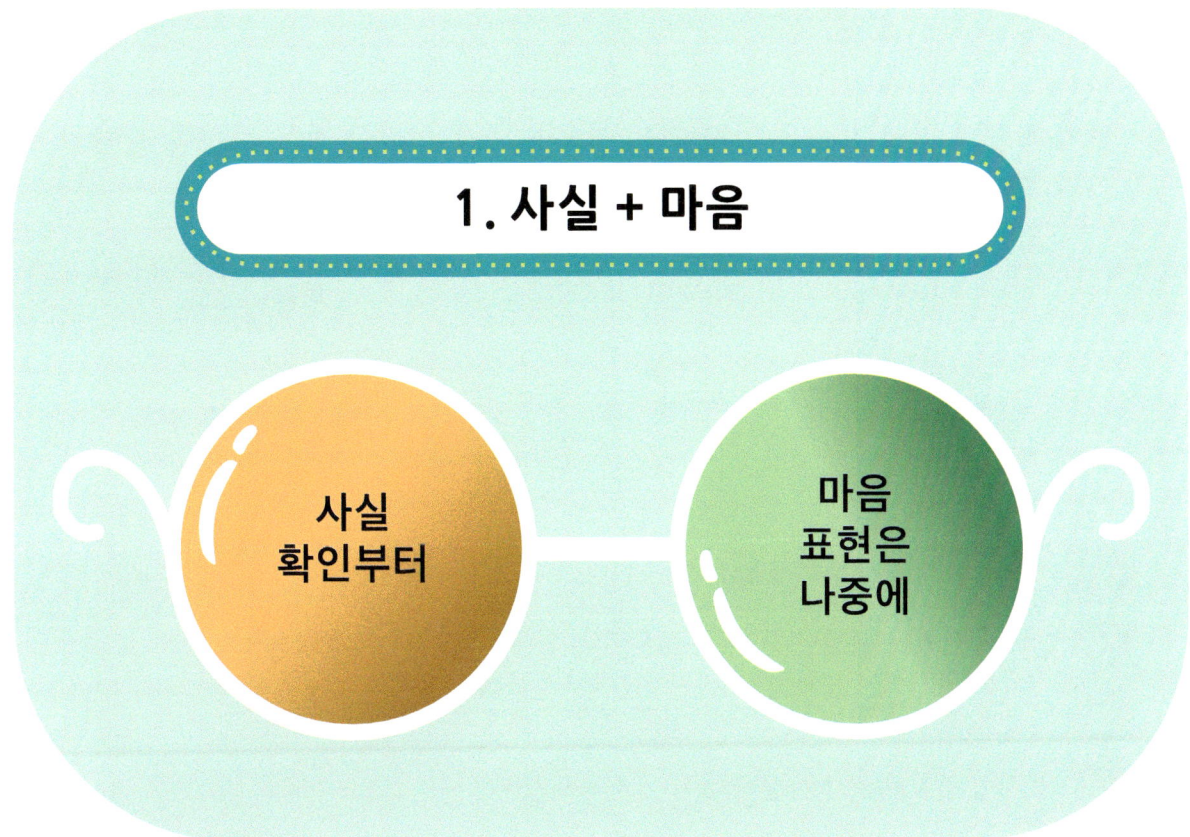

❶ '사실+마음' 구조로 쓴 글이 아닌 것을 고르시오. (   )

① 밥이 적다. / 그렇다면 반찬을 많이 먹어야겠다.

② 용돈을 받았다. / 절반은 까먹었고 절반은 내일 까먹었을 것이다.

③ 학교에 갔다왔다. / 낮잠을 잤다.

④ 낮잠을 잤다. / 꿈에서 까치를 보았는데 손님이 오려나?

2 보기의 글과 같이 사실을 먼저 적는 경우가 많은 이유를 잘못 설명한 사람은 누구입니까? (   )

사실	마음
어제 바다에 갔었다.	재미있게 놀아서 또 가고 싶다.

① 사람들은 사실을 먼저 알고 싶어 한다.

② 사실은 항상 골칫덩어리이기 때문에 무조건 먼저 말하는 게 좋다.

③ 사실을 앞에 적는 건 사람들의 말 습관이 대개 그러한 때문이다.

④ 사실이 있어야 그 사실에 대한 내 마음도 있다.

3 아래의 글 순서를 바르게 설명한 것을 고르시오. (   )

㉠ 1950년 6월 25일 새벽. 인민군의 기습 침략으로 전쟁이 일어났다. 탱크와 따발총으로 무장한 북한 인민군이 휴전선을 넘어 서울을 향해 진격하였다. 전쟁 3일 만에 서울이 인민군에게 점령되었고 국군은 후퇴를 계속했다.

㉡ 불과 한 달 만에 우리 국민은 모두 자유를 잃고 집도 땅도 빼앗기고 공산당의 노예가 될 풍전등화의 처지가 되었다.

㉢ 이 전쟁으로 국군 약 14만 명과 유엔연합군 약 4만명이 전사하였으며 남한의 민간인 약 40만 명이 북한 인민군에 의해 살해되었다.

㉣ 아 통탄할 일이로다. 잊지 말자 6.25, 처부수자 공산당.

① ㉠ 사실 서술 → ㉡ 마음 표현 → ㉢ 사실 서술 → ㉣ 마음 표현

② ㉠ 사실 서술 → ㉡ 사실 서술 → ㉢ 사실 서술 → ㉣ 마음 표현

③ ㉠ 마음 표현 → ㉡ 마음 표현 → ㉢ 마음 표현 → ㉣ 사실 서술

④ ㉠ 마음 표현 → ㉡ 사실 서술 → ㉢ 마음 표현 → ㉣ 사실 서술

4 보통은 사실을 먼저 말하고 그 말을 이어받아 마음을 표현합니다. 다음 중 '사실+마음' 구조로 쓴 글이 아닌 것을 고르시오. (   )

① 배 고프다. / 나는 오늘 무슨 운명의 장난으로 배 고프게 살아야 하나?
② 우연히 길에서 걔를 봤다. / 예뻐서 진짜 눈에 보석이 박힌 줄 알았음.
③ 어제 받아쓰기 시험봤다. / 근데 30점 받은 애도 있다는 게 신기하더라.
④ 길에서 선생님을 만났다. / 꾸벅 인사하고 지나갔다.

5 '사실 + 마음' 구조의 글이 되도록 빈 칸에 적당한 글을 써넣으시오.

내일은 국어시험 보는 날이다.

6 보기의 글을 읽은 다음 간단히 사실을 요약한 다음 마음을 표현하시오.

1950년 6월 25일 새벽. 인민군의 기습 침략으로 전쟁이 일어났다. 탱크와 따발총으로 무장한 북한 인민군이 휴전선을 넘어 서울을 향해 진격하였다. 전쟁 3일 만에 서울이 인민군에게 점령되었고 국군은 후퇴를 계속했다. 불과 한 달 만에 남한 전 국토가 인민군의 손아귀에 들어가 자유를 잃고 공산당의 노예가 될 처지가 되었다. 이 전쟁으로 국군 약 14만 명과 유엔연합군 약 4만명이 전사하였으며 남한의 민간인 약 40만명이 북한 인민군에 의해 살해되었다. 아 통탄할 일이로다. 잊지 말자 6.25, 처부수자 공산당.

사실 요약	마음

7 다음의 두 칸 만화를 글로 고쳐 표현하시오.

8 사실을 먼저 적고 마음을 덧붙인 글은 다음 중 어느 것입니까? (   )

① 동요를 불렀다. / 15점을 받았다.

② 1000원으로는 아무 것도 사먹을 게 없다. / 진짜로 사먹을 게 없다.

③ 숙제를 안 했다. / 벌을 받을 것 같다.

④ 밥을 안 먹었다. / 아침도 점심도 안 먹었다.

9 ㉠사실 한 문장 + ㉡마음 한 문장으로 된 글을 쓰려고 합니다. ①~④ 중 어떤 걸 지워야 〈사실 문장 + 마음 문장〉 구조의 글이 될 수 있습니까? (   )

㉠ 친구와 놀고 있을 때 엄마한테서 전화가 왔는데 짜증이 덜컥 났다. ㉡ 화난 목소리
          ①   ②   ③
로 전화를 끊었는데 마음이 계속 싱숭생숭했다.
                          ④

10 아래의 두 칸 만화를 상상력을 보태어 사실+마음 두 가지 내용의 글로 완성하시오.

사실

벽

마음

보기

등에 길 깃발을 꽂은 남자가 벽 앞에 섰어요. 벽을 두드리는데 벽 뒤에는 상어가 숨어 있어요.

보기

남자는 길을 만들면서 걸어 온 사람이었어요. 그런데 벽은 넘지 말라고 있는 거라면서 걸음을 돌렸어요.

11 '사실+마음' 두 가지 내용의 글을 쓰려고 합니다. 빈 칸에 이어질 말로서 가장 적당한 것은 어느 것입니까?

며칠 후 나는 초등학교를 졸업한다.

① 6년간 학교를 다녔다. ② 이제 곧 중학생이 된다.

③ 기쁨보다 슬픔이 클 거 같다. ④ 엄마 아빠가 졸업식에 오시기로 했다.

글쓰기 박사되기 학습서 61

12 글의 구조를 잘못 적은 것을 고르시오. (   )

① 엄마 따라 시장에 갔다. 엄마는 값만 물어보고 안 사는 게 몇 번 있었다. ➡ 사실 + 사실

② 마트에 갔는데 엄마가 먹고 싶은 거 하나 고르라고 했다. 엄마가 돈이 없을 거 같아서 고르고 고르다가 겨우 하나를 골랐는데 그건 안 된다고 해서 울고 싶었다. ➡ 사실 + 마음

③ 나는 지금 아빠 따라 시장에 간다. 그런데 아빠는 값도 안 물어보고 대강대강 살 것 같다. ➡ 마음 + 사실

④ 형 따라 마트에 가는 건 재미있다. 형과 함께 가면 아무것도 안 사도 재미있기 때문이다. ➡ 마음 + 마음

13 빈 칸에 알맞는 내용을 써넣으시오.

동시 : 소뿔 (경북 울진 4학년 정이원)

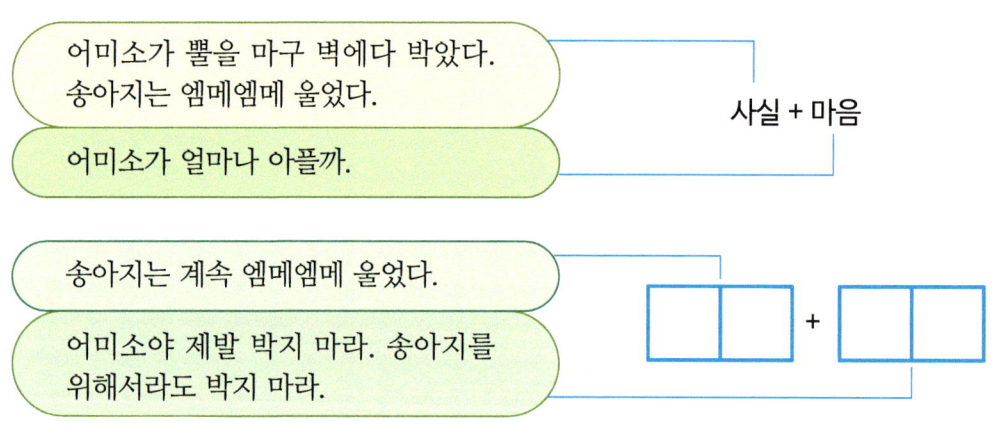

14 보기의 글은 〈사실 한 문장〉 〈마음 한 문장〉 그렇게 두 문장으로 된 글입니다. 보기와 같이 두 문장으로 하나의 글을 만드시오.

엄마가 없다.   엄마가 보고 싶어 울고 있지요.
　　문장　　　　　　　문장

2. 사실 + 논평(마음)

15 글 ㉠ ㉡ ㉢에 대해서 잘못 설명한 것은 어느 것입니까? (   )

㉠ 옛날에 어머니 개구리와 아들 청개구리가 살았습니다. <u>그런데 아들 청개구리는 어머니 말을 영 들으려고 하지 않았습니다.</u>

㉡ 옛날에 흥부와 놀부 형제가 살았는데 놀부가 형이고 흥부가 동생입니다. <u>그런데 놀부는 어릴 때부터 성격이 사납고 못되어 남을 해치고 골탕먹이기를 좋아하였습니다.</u>

㉢ 밭에서 일하고 있던 할머니가 무릎을 탁 쳤습니다. <u>부지런한 할머니는 일하면서도 할아버지 걱정에 마음 편한 때가 없었는데 그러다 문득 좋은 생각이 떠오른 것이었습니다.</u>

① 빨간색은 마음을 적은 글이다.
② 밑줄 친 부분은 앞의 사실을 이어받아 논평한 글이다.
③ ㉠㉡㉢ 모두 '사실 + 마음' 구조로 쓴 글이다.
④ 논평은 사실이 아닐 수 있기 때문에 절대적으로 거짓말이다.

16 보기와 같이 빈 칸에 적당한 글을 써넣으시오.

사실	논평(마음)
오늘부터 방학이다.	방학은 나에게 사막의 우물이다.

사실	논평(마음)

17 보기와 같이 빈 칸을 채워 동시를 쓰시오.

보기

사실 ⇨	바람이 불어요	⇨
마음 ⇨	바람은 오는 편지 같아요	⇨
사실 ⇨	냇물이 흘러가요	⇨
마음 ⇨	냇물은 보내는 편지 같아요	⇨

18 보기의 글을 바르게 설명한 것을 고르시오. (   )

> 진주가 뛰어와서 큰일났다고 말했다. 진주는 언제나 말과 표정을 과장한다.

㉠ 사실 한 문장, 논평 한 문장, 합해서 두 문장으로 된 글이다.
㉡ 사실과 논평을 한 문장에 쓴 글이다.

문장과 문단

문장 ➡ 옛날에 어머니 개구리와 아들 청개구리가 살았습니다.

문장 ➡ 그런데 아들 청개구리는 어머니 말을 영 들으려고 하지 않았습니다.

문장 ➡ 어머니 개구리가 동쪽으로 가라고 하면 청개구리는 서쪽으로 갔습니다.

문장 ➡ 서쪽으로 가라고 하면 동쪽으로 갔습니다.

문장을 연결하면 문단이 됩니다.

(4개 문장으로 된 1개의 문단)

옛날에 어머니 개구리와 아들 청개구리가 살았습니다. / 그런데 아들 청개구리는 어머니 말을 영 들으려고 하지 않았습니다. / 어머니 개구리가 동쪽으로 가라고 하면 청개구리는 서쪽으로 갔습니다. / 서쪽으로 가라고 하면 동쪽으로 갔습니다.

하나의 문단에는 1개 이상의 문장이 있어요.

19 다음 중 **두 문장**으로 된 글은 어느 것입니까? (   )

① 엄마 따라 시장에 갔다. 엄마는 값만 물어보고 안 사는 게 많았다.

② 엄마 따라 마트에 갔다. 먹고 싶은 거 고르라고 해서 기분이 좋았다. 하나를 골랐는데 엄마가 그건 안 된다고 했다. 나는 기분이 좋다가 말았다.

③ 아빠 따라 시장에 가는 건 안 좋을 것 같다.

④ 형 따라 마트에 갔다. 형과 함께 가는 건 재미있다. 아무 것도 안 샀다. 그러나 형과 함께 가면 아무 것도 안 사도 재미있다. 형이 웃었다. 나는 형이 조금 불쌍해 보였다.

20 다음의 글 중 **두 문단** 으로 된 글은 어느 것입니까? (   )

① 　옛날 옛적에 호랑이 담배 피던 시절에 수박장수가 있었습니다. 수박장수가 수박을 지게에 지고 산을 넘다가 산꼭대기에서 넘어지고 말았습니다. 수박이 데굴데굴 산비탈을 굴러 내려갔습니다. 데굴데굴 데굴데굴 굴러 내려갔습니다.

② 　옛날에 자린고비 할아버지가 살았습니다. 할아버지에게 며느리가 있었는데 그 며느리도 할아버지를 닮아서 지독한 자린고비였습니다.

　어느 날 할아버지가 소고기국을 먹고 싶다고 하자 며느리가 "예" 대답하곤 푸줏간으로 달려갔습니다. 며느리는 소고기를 사는 척 만지작만지작한 뒤 돌아왔습니다. 그리고 그 손을 씻은 물로 소고기국을 끓였습니다.

③ 　봄이면 나물 캐러 들에 가지요. 논두렁을 따라 걷다가 냉이를 보면 냉이를 캐고 달래를 보면 달래를 캐고 쑥을 보면 쑥을 캐지요.

④ 　서울 갔다 온 사람과 안 갔다 온 사람이 싸우면 안 갔다 온 사람이 이긴다고 합니다. 서울을 갔다 온 사람보다 안 갔다 온 사람이 더 그럴 듯하게 서울을 설명하기 때문이라고 합니다.

사실과 마음을 번갈아 쓰기

21 사실 한 문장 + 마음 한 문장 번갈아 글을 쓰려고 합니다. 빈 칸에 알맞은 말을 써넣으시오.

➡ 아침에 친구한테서 전화가 왔다.
➡ ㉠
➡ 친구와 같이 학교에 갔다.
➡ ㉡

22 사실 한 문장과 마음 한 문장을 번갈아 쓰려고 합니다. 빈 칸에 알맞은 말을 써넣으시오.

동생을 데리고 만물상회에 갔다. (㉠   ) 하지만

이것 저것 구경만 하고 아무 것도 안 샀다. (㉡   )

나는 돈이 없었다.

23 사실 한 문장 + 마음 한 문장, 합해서 두 문장으로 된 글을 쓰시오.

긴 글을 쓸 때는 문단 나누기를 하면서 씁니다.

글

1문단 — 조선시대에 이괄이란 사람이 살았습니다. 이괄은 어릴 때 아버지 말을 듣지 않아 청개구리란 소리를 들었습니다. 아버지가 "날씨가 좋으니 밖에 나가서 세상 구경 좀 하여라." 하면 방에 박혀 책 읽는 척하고 "비가 오니 책 좀 읽으라." 하면 친구와 약속이 있다며 나갔습니다. — **사실**

2문단 — 이괄은 뭐든 아버지 반대로 하고 싶었습니다. 아버지는 아들이 문과에 급제하기를 원했으나 이괄은 무과 급제를 희망했고 아버지는 아들이 선비가 되기를 원했으나 이괄은 무인이 되기를 원했으며 못마땅해 하는 아버지를 이괄이 또한 몹시 못마땅해 하였습니다. — **마음**

3문단 — 이괄이 무과에 급제하여 군수가 되었을 때 아버지가 이들의 장래를 알 겸 점쟁이를 불러 물었는데, 그는 이괄의 아버지가 반은 용이고 반은 사람이라 죽은 뒤 거꾸로 묻으면 용이 되어 승천한다고 하였습니다. 그리하여 아버지가 죽을 때 되어 유언을 남겼는데 이괄이 반대로만 하기 때문에 "나 죽으면 똑바로 묻어라." 하고 시켰습니다. 아버지가 용이면 아들도 용이 될 수 있었습니다. — **사실**

4문단 — 그런데 아버지가 죽자 이괄은 마지막 순간만큼은 효도해야겠다고 맘 먹고 아버지 유언에 따르기로 결심하였습니다. 유언대로 이괄은 아버지를 똑바로 묻었습니다. 얼마 후 이괄이 반란을 일으켜 왕(인조)을 내쫓고 한양을 차지한 뒤 스스로 왕이 될 기회가 생겼습니다. 왕이 되어야 논공행상을 하는 등 부하들에게 보상을 할 수 있었는데, 그는 생각을 잘못하여 용상을 존재감이 전혀 없는 선조의 열 번째 아들을 왕으로 세웠다가 관군의 반격을 받아 도망가던 중 배신한 부하에게 죽임을 당하고 말았습니다. — **마음**

24 다음의 그림을 '사실+마음' 두 문단으로 된 글로 표현하시오.

㉠ 사실 문단 쓰기

㉡ 마음 문단 쓰기

25 빈 칸에 적당한 글을 써넣으시오.

1문단 : 사실을 적은 문단

어느 날 밤 여우가 토끼집을 찾았습니다. 똑똑똑 문을 두드렸습니다. 토끼가 "누구세요?" 물었습니다. 여우는 "너의 외삼촌이다."하고 말했습니다. 토끼는 "잠깐 기다리세요. 지금 오줌을 누는 중이라서요." 하고 대답했습니다. 한참 후 여우가 다시 똑똑똑 문을 두드리며 "얼른 문 열어." 하고 소리쳤습니다.

2문단 : 위의 사실을 이어받아 토끼의 마음을 표현하려는 문단

정답 57p~69p

01 ③ ← 사실 + 사실

02 ②

03 ①

04 ④ ← 사실 + 사실

05 **채점 기준** 마음을 드러낸 글이면 정답

▶예시 답안

국어시험은 이상하게 아는 문제를 자꾸만 틀린다.

06 **채점 기준** 사실과 마음을 각각 구분해서 쓰면 정답

▶예시 답안

사실 요약

1950년 6월 25일 북한 인민군의 남침으로 전쟁이 일어났다. 국군 약 14만 명과 유엔군 약 4만 명이 전사하고 민간인 약 40만 명이 인민군에 의해 죽었다.

마음

전쟁이 일어나면 사람이 죽어서 싫다. 6.25전쟁은 수많은 아버지와 엄마와 어린이를 죽인 나쁜 전쟁이다.

07 **채점 기준** 사실과 마음을 각각 구분해서 쓰면 정답

▶예시 답안

(사실) 미용실에 가서 머리를 잘랐다.

(마음) 머리를 짧게 자른 뒤 선머슴 같아서 기분이 안 좋았는데 엄마가 더 예뻐졌다고 해서 마음이 놓였다.

08 ③ ← 사실+마음

① 사실 + 사실   ② 마음 + 마음   ④ 사실 + 사실

09 ③ ← "짜증이 덜컥 났다."는 마음의 표현이므로 그 부분을 빼면 다음과 같은 글이 됩니다.
(사실) 친구와 놀고 있을 때 엄마한테서 전화가 왔다.
(마음) 화난 목소리로 전화를 끊었는데 마음이 계속 싱숭생숭했다.

10 **채점 기준** 사실과 마음을 각각 구분해서 쓰면 정답

▶예시 답안

(사실) 어떤 아저씨가 벽 앞에 섰어요. 벽을 두드려보았어요.

(마음) 벽은 쉽게 허물어질 것처럼 보였지만 아저씨는 부술 생각이 없었어요. 왜냐하면 벽 뒤에는 항상 위험이 숨어 있다고 믿었어요. 벽이나 울타리는 가지 말라고 있는 거니까 그런게 있으면 안 가는 게 좋을 것 같아요.

11 ③

12 ③ ← 사실 + 마음

13 사실 + 마음

14 **채점 기준** 사실 한 문장 마음 한 문장으로 된 글을 쓰면 정답

▶예시 답안

용돈이 생겼다. 저금통에 넣을지 까먹을지 생각 중이다.
　　한 문장　　　　　　　한 문장

15 ④ ← 논평은 사실인지 거짓인지 확인할 수 없는 마음의 말이나 글이랍니다.

16 **채점 기준** 사실을 쓰고 그 사실을 논평한 글을 쓰면 정답

▶예시 답안

(사실) 겨울방학이다.
(마음) 겨울방학은 추운 들판에서 만난 따뜻한 난로 같다.

17 **채점 기준** 보기처럼 사실과 마음을 번갈아 쓴 동시면 정답

▶예시 답안

하늘이 파랗다. ← (사실)
파란하늘은 엄마 마음 같다. ← (마음)
산이 파랗다. ← (사실)
파란 산은 아빠 마음 같다. ← (마음)

18 ㉠

19 ①

20 ② (나머지는 모두 1문단으로 된 글)

▶21~25 예시 답안

21 ㉠ 무슨 일로 전화를 했나 싶었다.
   ㉡ 같이 가니까 지루하지 않고 재미있었다.

22 ㉠ 생각 같아서는 동생한테 맛있는 거 사주고 싶었다.
   ㉡ 동생한테 조금 미안했다.

23 (사실) 영화를 봤다. (마음) 소름 끼치게 무서웠다.

24 ㉠ 세 아이가 시골길을 달리고 있다. 두 남자애와 한 여자애다. 뒤로는 강과 산이 있다. 주위에는 잎사귀가 무성한 나무와 풀밭이 있다.
   ㉡ 아이들이 무서운 걸 본 것 같다. 겁먹고 황급히 도망친다. 아니면 짓궂은 장난을 치고 도망치는 중일 수도 있다.

25 토끼는 여우가 속임수를 쓴다는 걸 알고 있었습니다. 조용히 돌아가게 만들 방법을 찾아보았습니다. 외삼촌 목소리는 수탉 우는 소리와 같다고 말하면 여우가 어떻게 나올지 생각하다가 웃음이 났습니다.

'기승전' 세 가지 내용으로 쓰기

단원 4

> 나는 세 가지 내용으로 동시도 쓰고 일기도 쓸 수 있어요.

> 세 가지 내용으로 쓰면 재미있고 충격적인 글이 될 수 있어요.

자기 꾀에 넘어간 암탉

기 　암탉이 길을 가다가 황소를 만났습니다. 황소는 밭에서 쟁기질을 한 후 집으로 돌아가는 길이었습니다. 암탉이 황소에게 말했습니다. "너는 참으로 착한 짐승이구나." 암탉은 황소가 사람들과 함께 살면서 농사를 지어주기도 하고 식량이 되어주기도 한다는 사실을 알고 있었습니다. 암탉이 꼬꼬꼬 혀를 차면서 황소를 쳐다보았습니다.

승 　암탉은 황소가 어리석은 동물이라고 생각했습니다. 농사를 지어주면 식량이 안 되든지 식량이 될 것 같으면 농사를 안 짓든지 해야 옳은데 두 가지를 다 하기 때문입니다. 어느 날 암탉이 황소에게 그렇게 말해주었습니다. 황소는 그 날부터 주인이 농사를 짓기 위해 밭으로 데리고 나가면 미친 소처럼 말을 듣지 않고 발버둥을 쳤습니다. 암탉이 그 말을 듣고 황소를 칭찬했습니다.

"잘했어. 너는 그렇게 살아도 겨우 본전이야."

　그러던 어느 날 주인이 황소의 힘을 못 이겨 넘어져 다치는 사고가 났습니다. 주인이 며칠 동안 방에 드러누워 있을 때 암탉이 황소에게 말했습니다.

"너는 이제 자유다. 다시는 농사 짓지 않아도 돼."

전 　어느 날 주인이 병원을 다녀오더니 부인에게 말했습니다. "의사 선생님이 말씀하시는데 특별한 병은 없으니 닭이나 잡아먹고 허약한 몸을 건강하게 하라지 않소? 말이 나온 김에 저 암탉을 잡아주시오." 그 말을 듣고 암탉은 그만 까무라치고 말았습니다.

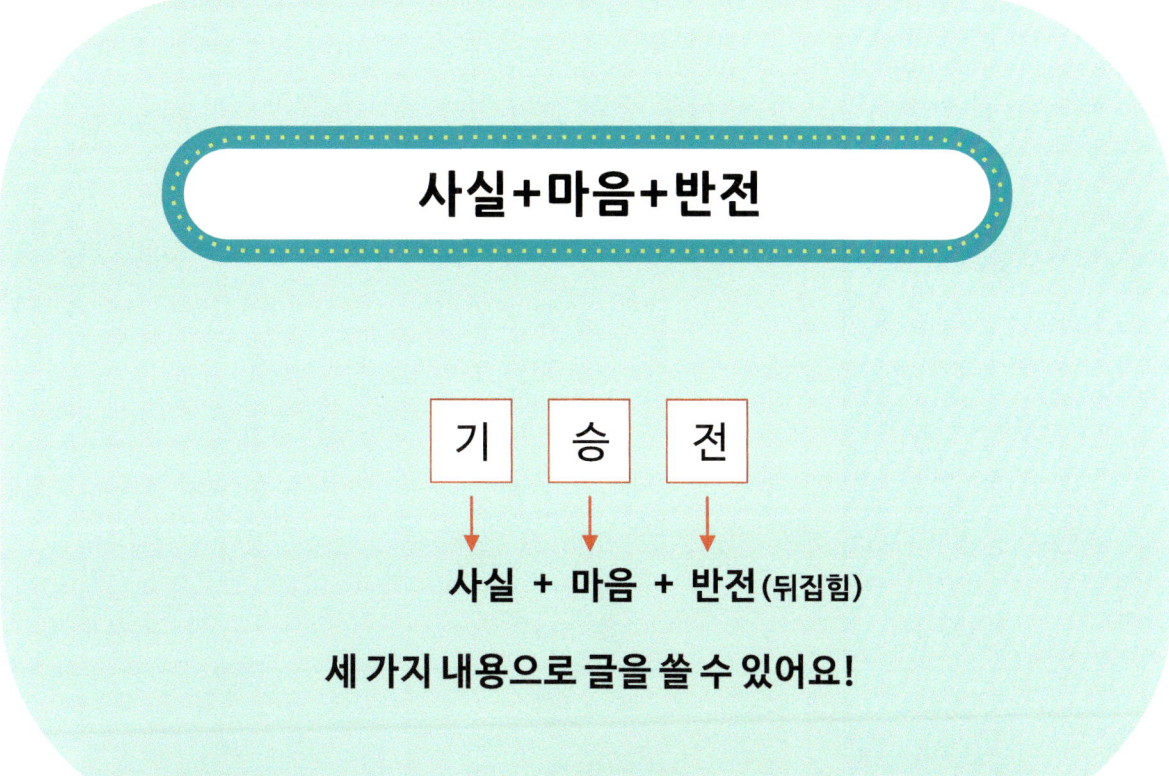

1 뒤집는 걸 반전이라고 해요. 다음 중 반전이 있는 글 4개를 찾으시오. (   )

① 겨울이 되었다. 몸도 마음도 춥다. 꽁꽁 추울수록 따뜻한 우리집.

② 우산을 갖고 나왔더니 소낙비가 왔다.

③ 돈이 없어 버스를 못 탔다. 걸어가면서 우울했다. 땅만 보고 걷다가 만 원짜리 돈을 주웠다.

④ 엄마가 옷 입어 보라고 해서 기뻤는데 알고 보니 오빠 옷을 사왔다.

⑤ 마트에서 거스름돈을 잘못 거슬러 받았다. 속으로 고민했다. 다시 가서 돈을 돌려주려고 했는데 거스름돈을 잘못 받은 게 아니고 내가 물건 값을 잘못 알고 있었다.

⑥ 친구와 놀고 있었다. 한참 깔깔 웃고 놀았다. 잘 논다고 친구 엄마가 통닭을 시켜주었다.

2 다음 중 ㉠에 들어갈 내용으로 가장 적당한 것을 고르시오. (   )

① 여름에는 바다가 최고다.　　② 아무리 더워도 내 주머니 사정은 겨울이다.
③ 이렇게 더운 날에는 선풍기가 최고다.　　④ 하드나 먹으면 꿀맛이겠다.

3 아래의 한자는 '구를 전'입니다. 구르다는 뜻을 가졌기 때문에 회전을 뜻하기도 하고 구르면 뒤집어지기 때문에 '뒤집힘'을 뜻하기도 합니다. 다음 중 '구를 전'과 관계가 없는 낱말은 어느 것입니까? (   )

① 전환　　② 전화위복
③ 반전　　④ 일편단심
⑤ 회전　　⑥ 역전

(구를 전)

기 (起)　　　　승 (承)　　　　전 (轉)

| 노란 은행나무 | 노랗게 물든 마음 | 바람에 진다. |

4 다음은 하나의 문장에 **기승전 세 가지 내용이 모두 포함**된 글입니다. 밑줄을 잘못 그은 것을 찾으시오. (   )

① <u>심부름을 해주고</u> <u>고맙다는 말을 들을 줄 알았는데</u> <u>심부름을 잘하니 또 해달라고 한다.</u>
　　(기)　　　　　　(승)　　　　　　　　　　(전)

② <u>날씨가 맑으면</u> <u>밖에 나가고 싶어지는 게 사람 마음인데</u> <u>나는 밖에 있어서 나갈 밖이 없다.</u>
　(기)　　　　　(승)　　　　　　　　　　(전)

③ <u>누가 꾸벅 인사하기에</u> <u>얼떨결에 나도 인사했는데</u> <u>알고 보니 내 뒷사람한테 한 인사였다.</u>
　　(기)　　　　　(승)　　　　　　　(전)

④ <u>엄마가 옷 입어보라고 해서 기뻐했는데 알고 보니</u> <u>오빠 옷을</u> <u>사왔다.</u>
　　　　　(기)　　　　　　　　　(승)　　(전)

글쓰기 박사되기 학습서　75

5 기승전 형식으로 쓴 동시는 '반전'이 있어 재미있습니다. 다음 중 기승전 형식에 가장 가깝게 쓴 동시는 어느 것입니까? (　　　)

①
엄마는 설거지 하느라
달그락 달그락

아빠는 청소하느라
슥삭슥삭 슥삭슥삭

나는 책 읽느라
웅얼웅얼

②
엄마는 꽃 같고

아빠는 나무 같고

나는 나무에
열린 열매 같고

③
아빠가 화분에
물 주라고 하신다

물을 얼마나 줄까 물으니
알아서 주면 된다고 하신다

물을 주었더니
에휴 왜 이렇게 많이 주었느냐?
하신다

6 다음 중 세 가지는 기승전 3단계 글이 될 수 있고 하나는 아닙니다. 아닌 것 하나를 고르시오. (　　　)

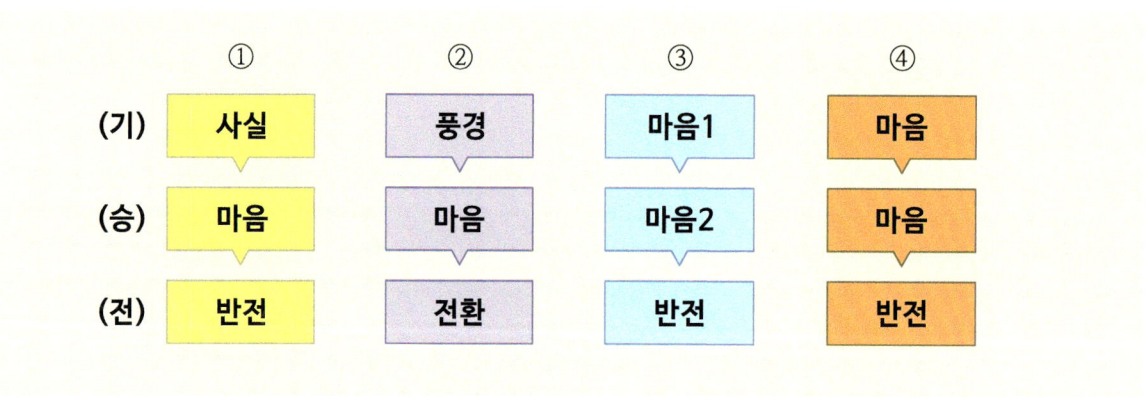

7 기승전 3단계를 '**마음1+마음2+반전**'으로 쓴 글을 찾으시오. (　　　)

① (기) 파란 하늘을 보면 가슴이 파랗게 열리는 것 같다.
　(승) 사람은 작고 어릴 때 파랗다고 하는데 저렇게 큰 하늘이 왜 파랄까?
　(전) 하늘은 덩치만 큰 어린이인가 보다.

② (기) 철썩철썩 파도치는 바다
　(승) 넓은 바다 저 멀리 바라보는 내 마음
　(전) 자꾸만 작아지는 내 마음

8 기승전 단계에 맞게 동시를 쓰시오.

보기

줄줄
비가 온다
주룩주룩
비가 온다

기

비야 내려라
많이 많이 내려라
내리다 안 내리면
체하고
오다가 안 오면
엉덩이에 뿔난다

승

오늘 실컷 오고
낼모레
소풍 갈 때는
오지 마라

전

9 아래의 글을 기승전 단계가 되도록 바르게 연결한 것을 고르시오. (   )

① 기승전 = (ㄱ) (ㄴ) (ㄷ)   ② 기승전 = (ㄱ) (ㄷ) (ㄴ)
③ 기승전 = (ㄴ) (ㄱ) (ㄷ)   ④ 기승전 = (ㄷ) (ㄱ) (ㄴ)

(ㄱ)
고양이는 빈둥빈둥
강아지는 오락가락

(ㄴ)
내가 놀부라면
나는
제비 다리를 부러뜨린
죄인이다

(ㄷ)
빈둥빈둥거리면
놀부
오락가락 바쁘기만 하면
흥부
나는 부자가 좋아
놀부가 되었네

10 다음의 글을 기승전 단계에 맞게 선으로 연결하시오.

세월 이기는 장사 없다더니
그때 그 별들이 지금은 다 떨어지고 없다   ●   ● 기 (사실)

내가 살던 시골마을에는
별이 많았다.   ●   ● 승 (마음)

별은 우리의 사랑 이야기를
영원히 기억해 줄 것 같았다   ●   ● 전 (반전)

78 누구나 기본적으로 알아야 하는 글쓰기 원리

11 다음의 그림을 기승전 단계로 연결하려고 합니다. 어느 것이고 **기**이고 **승**이며 **전**이 되어야 좋을까요? 빈 괄호에 써넣으시오.

① (   )   ② (   )   ③ (   )

12 다음 중 글을 쓸 때 기억해야 할 주장으로 볼 수 없는 것을 고르시오. (   )

① 글을 쓸 때는 마음을 쓸 것인지 사실을 쓸 것인지 먼저 정한다.
② 슬픔이 기쁨으로 바뀌거나 기쁨이 슬픔으로 바뀌는 반전이 있으면 기승전 단계로 쓴다.
③ 기승 2단계로 쓸지 기승전 3단계로 쓸지 정해서 쓰면 좋다.
④ 글을 쓸 때 어차피 마음은 사실이 아니기 때문에 거짓을 쓰도 된다.

13 기승전 3단계 만화가 될 수 있도록 그림을 완성하시오.

정답 73p~79p

01 ① ③ ④ ⑤

② 우산을 갖고 나왔더니 소낙비가 왔다.
▶ 예상한 대로 되었으니 반전이 아닙니다.

⑥ 친구와 놀고 있었다. 한참 깔깔 웃고 놀았다. 잘 논다고 친구 엄마가 통닭을 시켜주었다.
▶ 잘 논다고 통닭을 시켜준 건 바라는 대로 된 것과 같습니다. 따라서 반전이 아닙니다.

02 ②

03 ④
① 전환 (轉換) : 방향을 바꿈
② 전화위복 (轉禍爲福) : 걱정거리가 도리어 복이 됨
③ 반전 (反轉) : 반대 방향으로 바뀜
④ 일편단심 : 변하지 않는 한 가지 마음
⑤ 회전 (回轉) : 방향을 바꾸어 움직임
⑥ 역전 (逆轉) : 방향이 거꾸로 바뀜

04 ④

엄마가 옷 입어보라고 해서 기뻐했는데
   기   승
알고 보니 오빠 옷을 사왔다.
       전

05 ③

06 ④ ← 마음 + 마음 + 반전은
         마음 + 반전과 같아요.
         따라서 기승전 3단계의 글로 볼 수 없답니다.

07 ①
①(기) 파란 하늘을 보면 마음이 파래지는 것 같다. ← 마음1
 (승) 사람은 작고 어릴 때 파랗다고 하는데 저렇게 큰 하늘이 왜 파랄까? ← 마음2
 (전) 하늘은 덩치만 큰 어린이인가 보다. ← 반전
②(기) 철썩철썩 파도치는 바다 ← 사실
 (승) 넓은 바다 저 멀리 바라보는 내 마음 ← 마음
 (전) 자꾸만 작아지는 내 마음 ← 반전

08 (채점 기준) 기승전 형식에 맞게 쓰면 정답

09 ②

10

세월 이기는 장사 없다더니 그때 그 별들이 지금은 다 떨어지고 없다

내가 살던 시골마을에는 별이 많았다.

별은 우리의 사랑 이야기를 영원히 기억해줄 것 같았다

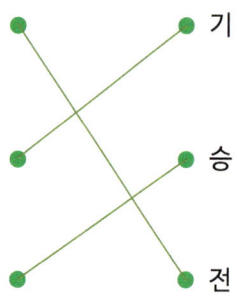

기 / 승 / 전

11 ① 승 ② 전 ③ 기

사람은 항상 웃고 싶고 행복하려고 해요. 그러다가 울게 되면 반전이 일어났다고 말할 수 있어요. 왜냐하면 계속 웃고 싶은데 울게 되었으니까요.

그리고 '승'은 웃는 얼굴과 우는 얼굴 중에서 웃는 얼굴이 되어야 해요. 웃는 얼굴은 언제나 마음이 될 수 있지만 우는 얼굴은 마음이 아닐 수 있기 때문이에요. 화가 나거나 슬퍼서 내 마음과 반대로 우는 때가 있답니다.

12 ④

13

(기)　　　　(승)　　　　(전)

웃는 얼굴과 우는 얼굴 중에서 '승'은 웃는 얼굴이 적당해요. 웃음은 내 마음이 될 수 있지만 울음은 내 마음이 아닐 수 있으니까요.

'네 가지' 내용으로 쓰기

단원 5

나는 네 가지 내용으로 동시도 쓰고 독서감상문도 쓸 수 있어요.

네 가지 내용으로 글을 쓰면 최고의 글이 된다고 해요~

기
(사실, 풍경)

승
(마음)

전
(반전, 전환, 변화)

결
(결말)

1. 빈 괄호에 알맞은 말을 써넣으시오.

기 = (   )　　　　　승 = (   )

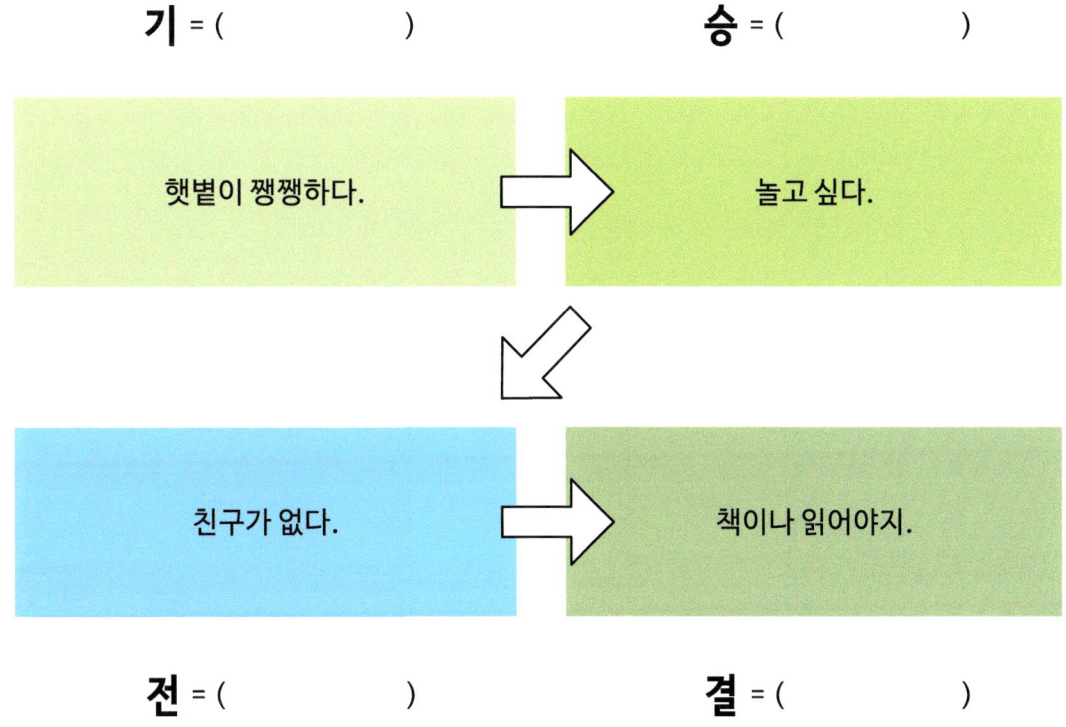

전 = (   )　　　　　결 = (   )

※ 아래의 설명을 읽고 문제에 답하시오.

기
기는 시작하는 단계입니다. 말할 때 대부분 사실을 먼저 말하듯이 시작하는 단계에서는 사실을 씁니다. 사실을 쓰려면 눈에 보이는 풍경을 쓰면 됩니다. 본대로 풍경을 쓴다면 사실을 썼다고 할 수 있어요.

승
승은 기 단계보다 한 단계 높은 단계입니다. 기(사실)보다 한 단계 높은 이야기를 하려면 마음을 드러내어야 합니다. 따라서 승 단계에서는 마음을 씁니다.

전
전은 뒤집는 단계로서 승보다 높은 단계입니다. 마음을 드러내는 단계보다 높은 단계를 이야기를 하려면 뒤집거나 변화를 주어야 합니다. 도둑인 줄 알았는데 경찰이라면 이야기를 뒤집는 것으로서 최고의 변화를 준 것입니다. 그런 걸 반전이라고 합니다.

결
결은 결말을 뜻합니다. 뒤집힌 이야기의 결말을 쓰거나 끝을 씁니다. 시작이 있으면 끝이 있듯이 모든 이야기에는 끝이 있습니다.

2 '전'은 뒤집는(반전) 단계입니다. 아래의 글 ㉠ '전' 단계에 들어갈 수 있는 가장 적당한 글은 어느 것입니까? (　　　)

① 나는 누나가 대답하기 전에 재빨리 "그냥 내가 따라 갈게." 하고 대답했다.
② 누나하고 잘 갔다오라고 했다.
③ 누나는 언제나 엄마 말을 잘 듣는다.
④ 나는 친구하고 놀 생각이었기 때문에 시장에 갈 생각이 없었다.

기 ⇨ 엄마 시장 가는데 같이 갈래? 묻기에 안 간다고 했다.

승 ⇨ 다시 묻기에 나는 갈 생각이 없다고 또 대답했다. 엄마는 누나를 불렀다.

전 ⇨ ㉠

결 ⇨ 덕분에 떡볶이, 오뎅 등등 맛있게 실컷 먹었다.

3 '전'은 전환하거나 뒤집는(반전) 단계입니다. 아래의 글 ㉠ '전' 단계에 들어갈 수 있는 가장 적당한 글은 어느 것입니까? (　　　)

① 사람을 물면 큰일나기 때문에 어쩔 수 없는 일이었다.
② 일주일 후 아버지가 개를 보호소에 넘기고 소유권을 포기하셨다.
③ 그런데 개가 사람 말을 알아듣고 스스로 집을 나갔다.
④ 반대하는 사람은 아무도 없었다. 모두 개 때문에 골치 아픈 게 싫었다.

기 ⇨ 우리집 강아지가 이웃집 개를 물어서 치료비를 물어주었다.

승 ⇨ 다음에는 사람을 물 수도 있어서 강아지를 보호소에 보내기로 결정했다.

전 ⇨ ㉠

결 ⇨ 한 달 뒤 강아지가 제 발로 돌아왔다. 참 신기한 일이다. 우리는 강아지를 보호소에 보내지 않기로 했다.

4 기승전결 각 단계에 맞는 글을 찾아서 선으로 연결하시오. (　　　)

기(사실) ●　　　㉠ 그 후 고양이와 강아지는 친해졌다. 둘은 오래오래 잘 살았다.

승(마음) ●　　　㉡ 강아지가 친하게 지내려고 다가가면 고양이가 으르릉 거리고 고양이가 친하게 지내려고 다가가면 강아지가 으르릉거렸다.

전(반전) ●　　　㉢ 고양이와 강아지가 한 집에 살았다. 둘은 매일 싸웠다.

결(결말) ●　　　㉣ 어느 날 강아지가 병이 들었다. 고양이가 다가와도 아파서 으르릉거릴 수 없었다.

5 기승전결 단계에 맞는 글을 찾아서 동그라미 안에 기, 또는 승, 또는 전이나 결을 써넣으시오.

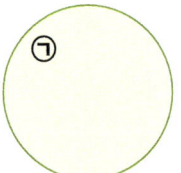

곰은 자기가 먼저 왔다면서 호랑이한테 뒤로 물러나라고 말했습니다. 새끼 호랑이는 내가 먼저 왔다고 말했습니다. 호랑이는 곰한테 누가 많이 걸었는지 뒤를 돌아보라고 말했습니다. 곰은 뒤를 돌아본 뒤 "내가 더 많이 걸었다."라고 말했습니다. 호랑이는 곰의 뻔뻔한 거짓말에 어이가 없었습니다.

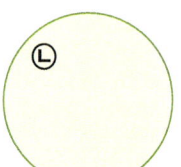

새끼 호랑이가 외나무 다리를 건너는데 곰이 뒤늦게 다리를 건너다 마주쳤습니다.

얼마 후 곰은 덩치가 더 큰 곰과 싸우다가 부상을 입은 뒤 벼락을 맞아 죽었고 호랑이는 몸조심하면서 오래오래 건강하게 살았습니다.

새끼 호랑이가 똑똑히 보라고 말하자, 곰이 "그런 거 말고 누가 덩치가 더 큰지 화가 얼마나 나 있는지 그런 걸 보라."고 말했습니다. 새끼 호랑이가 하는 수 없이 뒤로 물러났습니다. 곰이 의기양양하게 지나갔습니다. 그리고 새끼 호랑이가 건너는데 곰이 소리쳤습니다. "너는 겁쟁이다." 새끼 호랑이는 꾹 참았습니다.

6 보기와 같이 기승전결 단계에 맞춰 동시를 쓰시오.

보기

기 ⇨	비가 내려요 ⇨	
승 ⇨	비는 내 마음 ⇨	
전 ⇨	강물이 되지요 ⇨	
결 ⇨	흘러흘러 바다로 가지요 ⇨	

7 아래의 네 칸 만화에 대해서 잘못 말한 것을 찾으시오. (   )

① 기승전결 단계로 그린 만화는 반전이 있어 재미있다.

② 기승전결 단계로 네 칸 만화를 그리면 네 가지 내용을 그릴 수 있다.

③ 반듯하다고 우쭐대면서 다른 나무를 흉보다가 잘렸으니 하늘이 벌을 내린 것이다. 당연히 잘릴 나무가 잘렸기 때문에 반전이 없다.

④ 좋다고 믿는 것이 반드시 좋은 것도 아니고 나쁘다고 믿는 것이 반드시 나쁜 것도 아니란 교훈을 주는 만화다.

① 기 구불한 나무와 반듯한 나무가 있었다.

② 승 사람이 반듯한 나무를 칭찬했다. 반듯한 나무는 우쭐했다.

③ 전 사람들은 반듯한 나무를 잘랐다.

④ 결 반듯한 나무는 지붕을 머리에 이고 사는 기둥이 되었다.

8 보기와 같이 기승전결 4단계에 맞게 동시를 쓰시오.

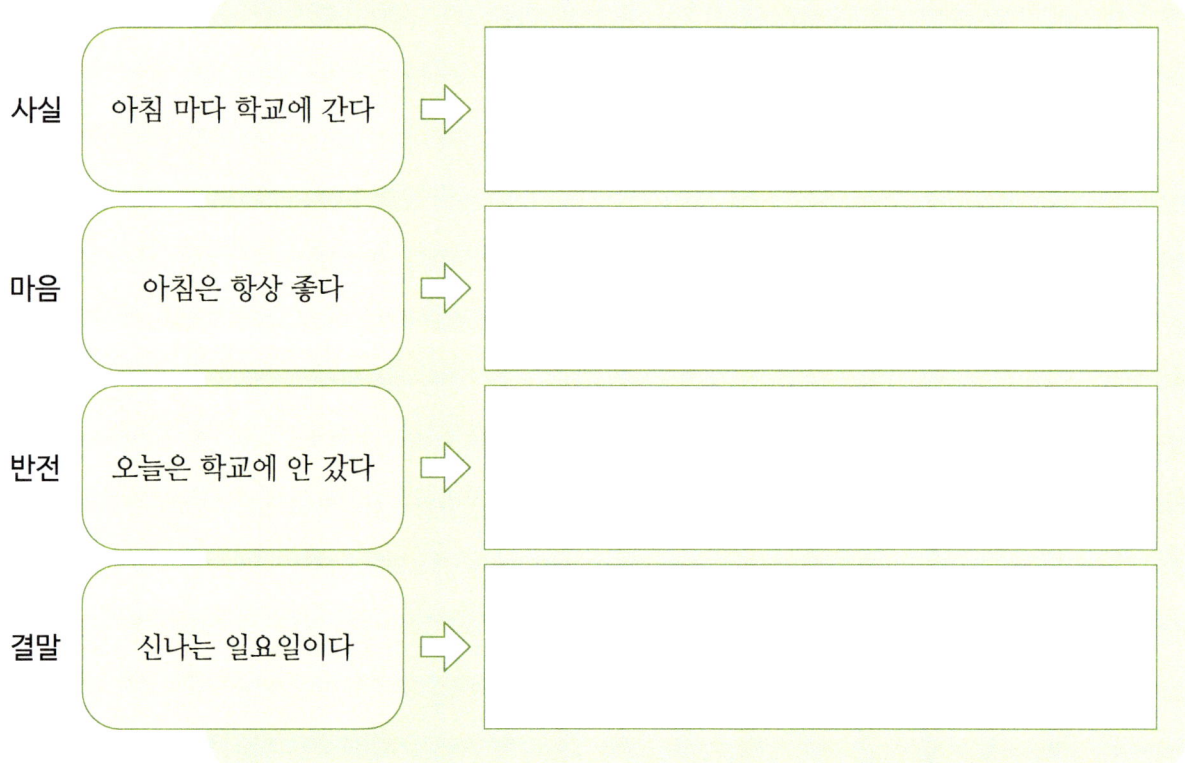

9 보기의 그림을 참조하여 아래의 기승전결 단계에 맞게 그림을 완성하시오.

※ 다음의 글을 읽고 물음에 답하시오.

허 생원 이야기

옛날 어느 마을에 허 생원이란 사람이 살았습니다. 허 생원의 하인 중에는 남의 말을 잘하기로 소문난 사람이 있었습니다. 어느 날 허 생원이 그 하인을 엄하게 꾸짖었습니다.

"앞에서 그 사람의 허물을 말해주는 것은 충고일 수 있으나 뒤에서 허물을 퍼뜨리는 것은 모함하는 것이니 다시는 그런 짓을 하지 않도록 하라."

5   "예. 분부대로 하겠습니다."

하인은 선선히 대답했지만 남의 말하기 버릇은 여전하였습니다. 오래도록 입에 배인 습관이 되어서 자기도 모르게 남을 흉보는 것이었습니다. 허 생원은 그 하인을 미워하기 시작했습니다.

"허허, 고약하군. 너는 언제나 인간이 되겠느냐?"

10   주인의 미움을 받은 하인은 성격과 행동이 점점 더 나빠졌습니다.

"그래 나는 인간이 아니야."

하면서 걸핏하면 사람들과 시비를 벌이고 싸움질을 하였는데 한 번은 폭행까지 했다가 관아에 끌려가 감옥에 갇히고 말았습니다. 온 동네에 소문이 났습니다.

15   "허 생원 집 하인이 이웃사람을 폭행한 죄로 감옥에 들어갔대요."

"쯧쯧, 허 생원은 공부께나 한 양반인데 하인을 어떻게 다스렸기에 그 지경이 되었는가?"

"그 하인에 그 주인이란 말을 듣게 생겼구먼."

"주인이 하인을 잘못 다룬 탓이 아니겠는가?"

20   사람들의 화살이 하인이 아닌 허생원을 향하였습니다.

　　어느 날 허 생원이 마을에 떠도는 소문을 전해들었습니다. 그는 한참 생각 후 자신의 잘못을 깨달았습니다.

　　'차가운 물로 따뜻한 물을 만들 수는 없지 않는가? 차가운 물을 따뜻한 물로 만들려면 따뜻한 물을 주었어야지. 내가 그런 이치를 왜 일찍 깨닫지 못했을까.'

25　허 생원은 뒤늦게 한탄했습니다.

　　얼마 후 고을에 신임 사또가 부임하였는데 생일날이 되어 사람들이 초대되었습니다. 허 생원도 초대를 받아 사또의 생일잔치에 참석하였습니다. 축하객들은 만수무강하시라는 등 저마다 한마디씩 예를 갖춰 듣기 좋은 인사를 건넸습니다.

　　허 생원은 하인이 폭행죄로 감옥에 갇힌 일이 송구스럽고 부끄럽기도 하여 사또에게 남
30　달리 듣기 좋은 인사를 건네고 싶었습니다.

　　사또에게 삼대독자가 있었습니다. 사또는 물론이고 그의 가문에서 보물처럼 아끼는 하나뿐인 후손이었습니다. 허 생원이 그 생각을 해낸 뒤 인사를 건넬 차례가 되었는데 온 생각이 잔뜩 거기에 가 있어서 불쑥 말이 튀어나왔습니다.

　　"자제분의 생일은 언제입니까?"

35　"자식 생일은 왜 물으시오?"

"그 날도 잊지 않고 축하인사를 올리기 위해 오려고 합니다."

말을 들은 사또의 낯빛이 변했습니다.

'이 자가 아첨하기 위해서 내 아들을 이용하는구나. 가까이하면 앞으로 더 많은 주변사람
40 을 이용할 것이다.'

그렇게 생각한 사또가 점잖게 나무랐습니다.

"아비의 생일에 자식의 생일을 물으시면 예절에 어긋나는 것 아니오?"

사또는 그 후 허 생원을 초대하지 않았고 가까이 하지 않았습니다.

허생원은 뒤늦게 자신의 잘못을 깨달았으며 그 일을 몹시 부끄럽게 여겼습니다.

45 "지나치게 공손하면 아첨이 되기 쉽고 아첨하는 사람은 반드시 말이 가볍고 예의를 잃기 쉽다. 그런데 군자는 아첨을 싫어하고 예의를 중요하게 여긴다. 그런데 나는 싫어하는 아첨을 하였고 좋아하는 예의를 지키지 못했구나."

그 후 허 생원은 소인을 만나면 너그러운 마음씨을 가지려 노력했고 군자를 만나면 예절에 맞는 행동을 하려 노력하였습니다.

10 허생원 이야기의 '기' 단계로서 가장 적당한 것을 고르시오. (   )

① 1번째 줄 ~ 20번째 줄   ② 21번째 줄 ~ 25번째 줄

③ 26번째 줄 ~ 43번째 줄   ④ 44번째 줄 ~ 49번째 줄

11 허생원 이야기의 '승' 단계로서 가장 적당한 것을 고르시오. (   )

① 21번째 줄 ~ 25번째 줄   ② 21번째 줄 ~ 43번재 줄

③ 26번째 줄 ~ 43번째 줄   ④ 44번째 줄 ~ 49번째 줄

12 허 생원을 잘못 논평했다고 볼 수 있는 글은 어느 것입니까? (   )

① 허 생원이 사또에게 지나치게 공손한 마음을 가졌다가 예의를 잃고 아첨꾼이 되고 말았다.

② 허 생원은 잘못을 저지르기도 하지만 반성도 잘하는 사람이다.

③ 나쁜 행실을 하면 벌을 주어서 다시는 그런 짓을 못하도록 하는 게 보통이다. 그런데 허 생원은 차가운 물로 따뜻한 물을 만들 수 없다는 원리를 깨닫고 좋은 말로 좋은 사람을 만들어야 한다고 생각했다. 그런 생각이 지나쳐서 사또에게 너무 좋은 말을 하려다 아첨꾼이 되고 말았다. 허생원은 과유불급이란 말을 기억해야 했다. 과한 것은 모자람보다 못하다.

④ 허 생원은 하인에게는 인간 같지 않다고 말하는 나쁜 상전이고 사또에게는 이익을 얻기 위해 아첨하는 간사한 사람이다.

13 보기의 그림을 기승전결 단계에 맞게 글로 고쳐 쓰시오.

14 보기의 만화를 기승전결 단계에 맞게 글로 고쳐 표현하시오.

15 보기의 동시를 참조하여 기승전결 단계에 맞게 이야기나 동시를 쓰시오.

제목 : 개나리   제목 : (   )

기
사실(풍경)

개나리가
피었네
봄봄
봄이 왔네

승
마음

개나리는
노란 옷을
몰래 감추었다가
봄이 오면
꺼내 입는다

전
반전

칭찬이 쑥쓰럽나 보다
사람들이
예쁘다고
말하기 시작하면
감쪽같이
벗어버린다

결
결말

쉿!
개나리
듣는 앞에서는
아무 말도
하지 말자

16 보기의 글을 참조하여 '**텔레비전 설명문**'을 기승전결 4단계로 쓰시오

냉장고 설명문 | 텔레비전 설명문

기

냉장고는 음식을 보관하는 전자제품이다. 문이 있어서 벌레가 들어갈 수 없고 온도를 낮게 조절할 수 있다. 3도 이하로 낮추면 곰팡이 번식이 어려워 음식이 잘 상하지 않고 오래 간다.

승

집집마다 자식처럼 아끼는 냉장고가 있다. 냉장고는 사람을 중독시킨다. 자식 없이는 살아도 냉장고 없이는 살기 어려운 것 같다. 시원한 물과 신선한 반찬을 먹게 해주니 고마운 냉장고다.

전

냉장고가 너무 훌륭한 물건이어서 나쁜 점도 있다. 음식을 오래도록 보관할 수 있기 때문에 잔뜩 쌓아놓고 시도 때도 없이 먹고 또 먹고 또 꺼내먹다가 곰처럼 뚱뚱하게 살이 찐다.

결

좋은 것도 너무 많이 쓰면 고장나듯이 냉장고도 너무 많이 쓰면 고장이 나는데 냉장고가 고장나는 게 아니고 사람이 고장난다. 뭐든 적당한 것이 좋다.

17 아래의 글은 기승전결 4단계로 쓴 '신발 설명문'입니다. 글을 읽고 설명문에 대해서 잘못 말한 것을 고르시오. (   )

신발 종류에는 구두, 운동화, 안전화, 군화, 고무신, 슬리퍼, 샌들, 부츠 등이 있다. 끈이 있는 신발과 없는 신발이 있고 뒷굽이 높은 신발과 낮은 신발이 있으며 깊이가 깊은 신발과 낮은 신발이 있다. 신발 밑창은 대개 고무로 되어 있는데 부드러워 빨리 닳는 신발도 있고 딴딴해서 잘 안 닳고 오래 신을 수 있는 신발이 있다.

이렇게 여러 가지 종류와 모양이 있는 것은 신발이 사람한테 먹고 입고 마시는 것만큼이나 중요하다는 뜻이다. 장소나 하는 일에 따라 다른 신발이 필요하고 또 신발은 닳아 없어지기 때문에 정기적으로 사야 되는데 그 덕에 신발공장에서 일하며 먹고 사는 사람도 많다. 동물은 사족보행을 하기 때문에 체중이 네 발에 분산되지만 사람은 이족보행(두 발로 걸음)을 하기 때문에 두 발에 충격이 크게 간다. 때문에 신발 없이 활동하기 어렵고 한 몸처럼 간직하며 산다. 그래서 벗어놓은 신발을 보면 그 사람의 영혼이 느껴진다는 사람도 있다.

헌신짝 버리듯 버린다는 말이 있다. 그토록 소중한 신발도 낡고 닳으면 값어치가 없어 버리게 되는데 이때 마음이 안 좋다거나 아프다는 사람은 없다. 신발로서는 억울하겠지만, 구관이 명관이란 말도 있고 친구는 옛친구가 좋다고 하는데 신발만큼은 항상 새 신발이 좋다. 새 신발이 생기면 작별의 인사도 없이 쓰레기통에 넣어버리는 게 헌 신발이고 십 년을 동고동락하고도 수고했다는 말 한 마디 못 듣고 버려지는 것이 헌 신발이다.

그런데 비싼 신발은 잘 버려지지 않는다. 신지도 않고 신을 생각이 없어도 비싼 신발은 돈이 아까워 신발장에 모셔둔 경우가 많다. 비싸게 사면 비싼 값을 한다는데 그것은 신발장을 차지하고 앉아 비싼 값을 치른다. 사람도 헌신짝처럼 버려지지 않으려면 헌신짝 노릇을 하지 말고 비싼 신발 노릇을 하고 비싼 신발이 되어야 할 것 같다.

① 설명문을 기승전결 4단계로 쓸 때에는 '승' 단계에서 긍정적인(좋은 점) 내용을 썼으면 '전' 단계에서는 뒤집어야 하기 때문에 부정적인(좋지 않은 점) 내용을 쓴다.

② 설명문을 기승전결 4단계로 쓸 때에 '기' 단계에서는 좋다 나쁘다 내 마음을 성급하게 드러내지 말고 사실적인 내용을 쓰는 게 좋다.

③ 설명문을 기승전결 4단계로 쓸 때에 '승' 단계에서 나쁜 면을 썼으면 '전' 단계에서는 뒤집어야 하기 때문에 좋은 면을 쓴다. 그러나 '승'에서 좋은 면을 먼저 쓰는 게 원칙이다.

④ 설명문은 항상 좋게 시작해서 긍정적인 마음을 쓰고 좋게 끝나야만 한다.

기승전결에 대해서

起 承 轉 結

기승전결은 옛날 사람들이 시를 잘 쓰기 위한 수단으로 활용하였습니다. 기승전결로 쓰면 4가지 색다른 내용을 하나의 글로 만들 수 있었습니다. 무작정 시를 쓰면 쓰기도 어렵고 좋은 시가 되기 어려웠습니다. 그리하여 많은 사람들이 기승전결 단계를 갖춘 시를 썼습니다.

다음은 고려시대 관리였던 정지상이란 사람의 시입니다.

비가 갠 기다란 강둑에 풀빛이 가득한데 (雨歇長堤草色多)	⇨ **풍경 (기)**
남포에서 친구를 보내며 슬픈 노래 부르네.(送君南浦動悲歌)	⇨ **마음 (승)**
대동강 물은 언제나 마를까 (大同江水何時盡)	⇨ **반전 (전)**
이별의 눈물을 해마다 강물에 보태네.(別淚年年添綠波)	⇨ **결과 (결)**

산유화 (소월)

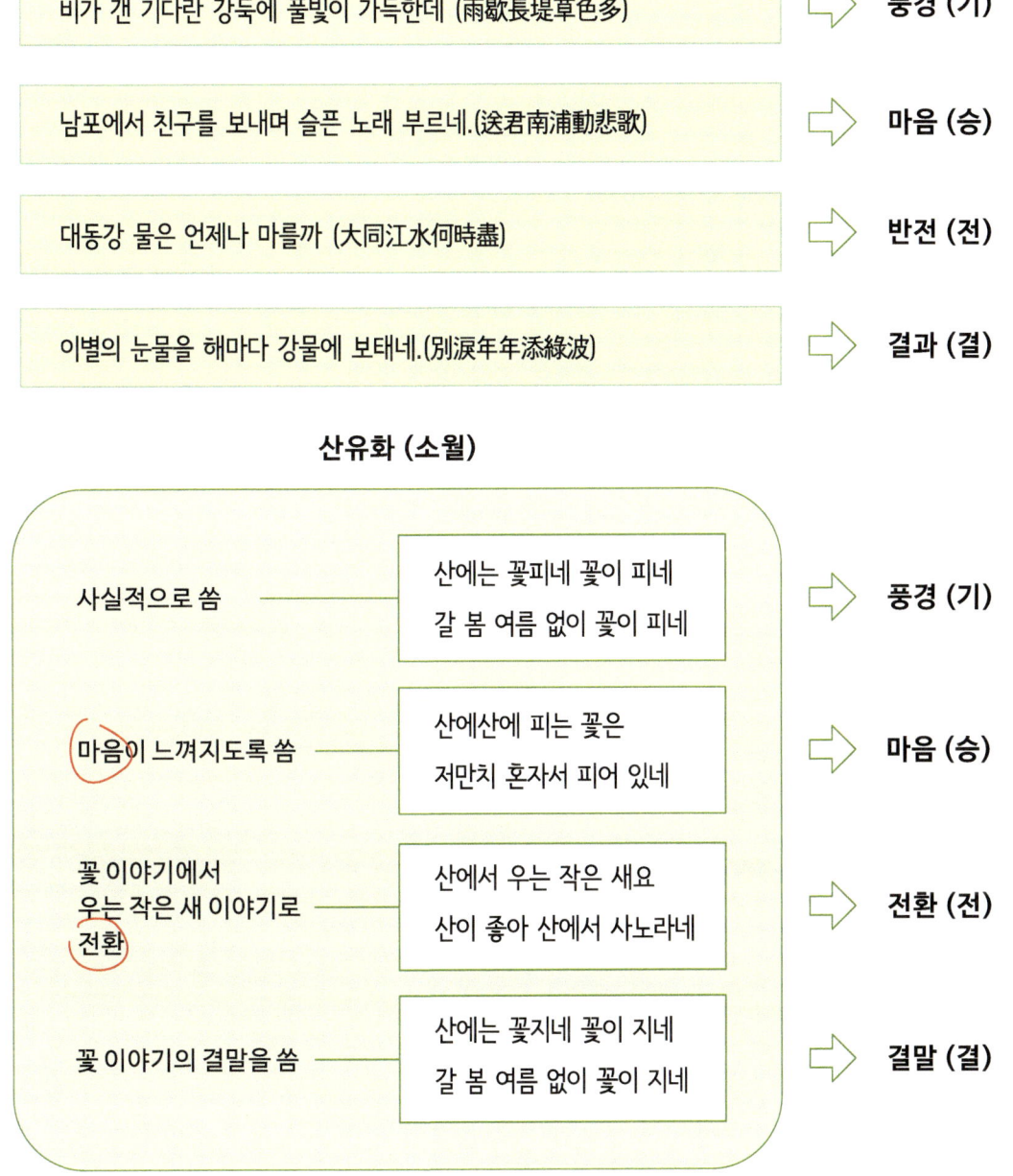

- 사실적으로 씀 — 산에는 꽃피네 꽃이 피네 / 갈 봄 여름 없이 꽃이 피네 ⇨ **풍경 (기)**
- 마음이 느껴지도록 씀 — 산에산에 피는 꽃은 / 저만치 혼자서 피어 있네 ⇨ **마음 (승)**
- 꽃 이야기에서 우는 작은 새 이야기로 전환 — 산에서 우는 작은 새요 / 산이 좋아 산에서 사노라네 ⇨ **전환 (전)**
- 꽃 이야기의 결말을 씀 — 산에는 꽃지네 꽃이 지네 / 갈 봄 여름 없이 꽃이 지네 ⇨ **결말 (결)**

18 아래의 글에 대해서 잘못 말한 사람은 누구입니까? (   )

마음1(기) ⇨	빵집을 지나왔더니 빵이 먹고 싶다.
마음2(승) ⇨	자꾸만 빵 생각이 나서 엄마한테 사달라고 했다.
반전 ⇨	엄마가 빵 사러 나가서 콩나물만 사왔다.
결말 ⇨	엄마는 까먹었다고 하는데 나는 빵이 비싸서 못샀다고 생각했다.

① '기'를 마음으로 쓰면 '승'은 한 단계 발전된 마음을 써야 한다. 그런데 위의 글은 '빵을 먹고 싶은 마음'에서 '엄마한테 사달라고 해서 먹어야겠다.' 로 발전되었으므로 기승전결 4단계에 맞는 글이라 볼 수 있다.

② 기승전결 단계를 명확하게 하려면 〈기 = 빵집을 지나왔다.〉〈승 = 빵이 먹고 싶었는데 자꾸만 빵 생각이 나서 엄마한테 사달라고 했다.〉 이렇게 기와 승을 고치면 된다.

③ 〈마음1, 마음2〉-〈반전〉-〈결말〉 이렇게 쓰면 3단계 글이지 절대로 4단계 기승전결이 될 수 없다.

④ 〈마음1〉-〈마음2〉-〈반전〉-〈결말〉 4단계로 된 글이다.

19 다음의 시는 소월의 '진달래꽃'입니다. 잘못 설명한 것을 찾으시오. (   )

1연	나보기가 역겨워 가실 때에는 말없이 고이 보내드리우리다
2연	영변에 약산 진달래꽃 아름 따다 가실 길에 뿌리우리다
3연	가시는 걸음걸음 놓인 그 꽃을 사뿐히 즈려밟고 가시옵소서
4연	나 보기가 역겨워 가실 때에는 다시는 아니 눈물 흘리우리다

① 〈마음1〉→〈마음2〉→〈반전〉→〈결말〉 그렇게 4단계로 된 시다.

② 기승전결이 있다.

③ 1연에서 4연까지 모두 마음을 표현한 시다. 그러나 기승전결 단계에 맞게 네 가지 내용의 마음을 표현한 시다.

④ 이 시는 4연이지만 1단계로 된 시와 같다. 왜냐하면 4연까지 모두 마음을 표현했기 때문이다.

뒤집기 왕 방기전

글 이상덕

옛날 옛적에 연산군이 왕일 때 이야기입니다. 충청도에 방기전이란 사람이 살았습니다. 그는 어릴 때부터 씨름을 잘했는데 마을에서 천하장사란 별명을 얻더니 나중에는 널리 알려진 씨름꾼이 되었습니다. 그는 다른 씨름꾼들에 비해 머리 하나가 작을 만큼 몸집이 작았으나 뒤집기 기술이 뛰어났습니다. 키가 장대같이 크고 공룡처럼 덩치가 큰

5 선수들이 방기전의 뒤집기 기술에 걸려 휘떡 뒤집어지면 구경꾼들이 박장대소하였습니다.

어느 날 방방곡곡에 방이 붙었습니다. 한양에서 씨름대회가 열린다는 소식이었습니다. 우승상금이 황소 한 마리인데 운이 좋으면 왕에게 발탁되어 벼슬까지 덤으로 받을 수 있다는 소문이 나서 전국의 씨름선수들이 몰려들어 실력을 겨루었습니다. 방기전

10 은 열 명이 넘는 장사들을 뒤집기 기술로 물리치고 결승전까지 올라갔습니다. 그때부터 사람들이 방기전을 뒤집기전으로 불렀습니다.

결승전 상대는 경상도 선수였습니다. 그는 팔척장신에 황소 같은 몸집을 가진 거

15 인 장봉걸이었습니다. 제아무리 뒤집기 명수라지만 그를 뒤집는 건 불가능해보였습니다. 장봉걸 선수가 방기전을 번쩍 들어 던져버리려 하였습니다. 방기전은 고목에 매미처럼 찰싹 달라붙었습니다.

20　이리 기우뚱 저리 기우뚱 할 때 구경꾼들이 "역시나 장봉걸한테는 안 돼." 하면서 웃었습니다. 방기전은 거머리처럼 붙은 채 힘껏 버텼습니다. 장봉걸이 방기전을 내려놓고 잠시 쉬려고 하였습니다. 그때 방기전의 머리가 장봉걸 선수의 아랫배를 파
25　고들었습니다. 꼼지락꼼지락 파고든 뒤 머리를 들어 뒤로 홱 뒤집었습니다. 거짓말처럼 거인이 벌러덩 넘어갔습니다. 구경꾼이 "뒤집기전" "뒤집기왕" 연호하며 환호성을 올리는데 심판이 장봉걸의 손을 들었습니다.

"아니 이건 또 무슨 뒤집기인가?"

30　구경꾼들이 얼떨떨하였습니다. 방기전의 다리가 모래에 먼저 닿았다고 심판이 설명했습니다. 방기전과 구경꾼이 항의하고 야유를 보냈지만 판정은 바뀌지 않았습니다.

　그 일이 있은 후 방기전은 씨름을 하지 않았습니다.

　"죽어도 이제는 씨름 안 한다."

　어느 날 방기전의 친구가 찾아와서,

35　"자네가 진 것은 나라가 썩었기 때문이다."

　하고 말하였습니다.

　"자네 말이 맞네. 그래서 나는 씨름을 안 한다네. 내가 나라를 깨끗이 할 힘은 없으니까."

　방기전이 힘없이 대답하며 고개를 끄덕였습니다.

　해가 바뀌고 다시 한양에서 씨름대회가 열리자 사람들이 방기전의 출전을 바랐습니다.

40　"씨름은 뒤집기전이지. 뒤집기 없는 씨름은 재미가 없어. 그렇지 않나?"

　"맞소. 세상에 제일 재미있는 것은 뒤집기라오."

　"방기전을 찾아가 설득해봅시다."

　　마을사람들이 온갖 말로 출전을 간청했으나 방기전은 마음을 바꾸지 않았습니다.

　　"나한테 뒤집어라 하지 말고 여기서 설득할 시간이 있으면 집에 가서 전(부침개)이나 뒤집으시오."

　　그러던 한 날 작년 대회 때 심판을 본 사람이 찾아왔습니다.

　　"방기전 선수가 출전을 하나 안 하나 확인하러 왔네."

　　"뭣하러 오셨습니까? 승리를 도둑맞은 충격으로 출전 안 합니다."

　　"그렇다면 다행이네. 당부할 말이 있는데 옆에서 부추겨도 절대 출전하지 말게."

　　"아니 왜요?"

　　"쉿!"

　　"왜 그러십니까? 출전하고 말고는 제 맘이지요."

　　"아무튼 출전 안 한다고 하니 됐네."

　　"그러나 내일은 마음이 변할지 아무도 모르지요."

　　"큰일날 소리 말게나."

　　"큰일이 왜 난답니까? 하지 말라면 하고 싶어지는 게 사람 마음 아닙니까?"

　　"어명이네."

　　"뭐라고요?"

　　"지난 번 대회에서 자네가 우승을 못한 건 왕명이 있었기 때문이라네."

　　"제가 무슨 죄를 지었습니까?"

　　"자네는 뒤집기를 잘하잖나? 뒤집기로 백성의 마음을 어지럽히고 있다네. 뒤집기가 역모가 되고 불효가 되고 불충이 되고 배은망덕이 되며 싸움이 된다네. 사람은 순리에 맞게 살아야 행복한데 자네 때문에 뒤집기하려고 하다보면 불행해지지 않겠나? 그리하여 왕께서는 자네가 씨름에서 뒤집기로 우승하지 못하게 하라 하셨네."

　　"그렇다면 대회에 출전하겠습니다."

"아니, 청개구리도 아니고 뭐 이런 경우가 있나? 출전 안 한다고 하지 않았나?"

"아뇨, 출전합니다."

"어허, 출전하지 말라니까."

"아닙니다. 무조건 출전합니다."

방기전이 대회에 출전한다는 소문이 난 뒤 한양에 구름같이 구경꾼이 몰려들었습니다. 방기전이 경기를 시작하기 전 심판이 귀엣말로 속삭였습니다.

'뒤집기로 이기면 자네는 무조건 지게 될 걸세.'

그런데 방기전의 특기는 뒤집기였습니다. 뒤집기 말고는 뾰족하게 써먹을 기술이 없었습니다. 방기전은 계획이 있었습니다.

'압도적으로 뒤집으면 돼!'

뜻대로 뒤집기에 성공하였는데 심판이 손을 들어주지 않았습니다. 하지만 상대선수는 넘어지고 방기전은 넘어지지 않았기 때문에 심판이 다른 선수의 손을 들어줄 수도 없는 노릇이었습니다.

"뒤집기전 만세."

"방기전 승리요."

"심판은 어서 방기전의 손을 들어주시오."

너무나 빤한 승리였기에 심판도 어쩔 수 없었습니다. 방기전은 승승장구하여 결승까지 올라갔습니다. 그리고 다시 작년에 만났던 장봉걸 경상도 선수와 맞붙게 되었습니다. 심판이 방기전의 귀에 대고 속닥속닥 속삭였습니다.

'지금까지는 봐줬지만 이번에는 무조건 자네가 질 걸세. 그렇지 않으면 임금께서 내

목을 자르게 돼 있다네. 그러니 나 좀 살려주게.'

90   방기전은 그 말을 듣고 가슴이 철렁 내려앉는 것 같았습니다.

'내가 이기면 저 사람이 죽는다니!'

그런데 구경꾼의 응원이 하늘을 찌르는 듯했습니다.

"뒤집기 왕 만세!"

"뒤집기전 이겨라."

95   "이겨라, 이겨라, 뒤집기 이겨라."

방기전 얼굴이 벌겋게 달아올랐습니다. 마침내 시작 소리가 울리고 장봉걸 선수가 방기전을 번쩍 들었습니다. 방기전이 고목나무에 매미처럼 매달렸습니다. 이리 흔들 저리 흔들 하면서도 버티고 있으니 장봉걸 선수가 힘이 떨어져 다시 내려놓았습니다. 그 순간을 기다린 방기전이

100   아랫배를 파고들었습니다. 장봉걸 선수는 작년 보다 힘이 없어 보였습니다. 그대로 들면 휘떡 뒤로 넘어갈 것 같았습니다.

'안 돼. 사람은 살리고 봐야지.'

방기전이 힘을 쓰려는 순간 머릿속에서 저절로 그 말이 떠올랐습니다. 방기전은 힘을 쓰는 척하면서 장봉걸 선수에게 기회를 주었습니다. 방기전은 자기 기술에 자기가

105   걸린 듯 앞으로 고꾸라졌고 구경꾼들은 탄식했습니다. 방기전은 겸연쩍은 듯 웃으며 모래밭에 한참 앉아있었습니다. 속으로 말했습니다.

'이것은 내 인생 최고의 패배다.'

그때 심판이 귀에 대고 고맙다고 속삭였습니다.

얼마 후 연산군은 듣기 싫은 소리를 한다는 이유로 환관 김처선을 죽이는 등 횡포를 부리다가 신하들에게 왕위를 빼앗기고 유배를 갔습니다.

20 뒤집기 왕 방기전 이야기의 '기' 단계는 어디까지입니까? (   )

① 31번째 줄까지　　　　② 38번째 줄까지

③ 45번째 줄까지　　　　④ 6번째 줄까지

> 뒤집기왕 방기전 이야기는 **'기승전결'**로 구성되었습니다. '기' 단계는 방기전이 한양 대회에 출전해서 결승까지 올랐으나 심판의 농간으로 우승에 실패한 이야기입니다. 여기까지는 주로 사실적인 이야기입니다.
>
> '승' 단계는 뒤집기왕 방기전의 마음이 드러나는 부분입니다. 방기전은 씨름 대회에 다시 출전하지 않겠다고 마음먹었습니다.
>
> '전' 단계는 전환하거나 뒤집는 반전 단계입니다. 이 글의 '전' 단계는 방기전이 마음을 바꾸어 다시 한양 대회에 출전하였으나 심판의 목숨을 구하기 위해서 스스로 승리를 포기하는 장면까지입니다.
>
> '결' 단계는 이야기의 결말이 드러나는 부분입니다.

21 뒤집기 왕 방기전 이야기의 가장 적당한 '승' 단계를 고르시오. (   )

① 7번째 줄 ~ 45번째 줄　　　　② 32번째 줄 ~ 45번재 줄

③ 46번째 줄 ~ 109번째 줄　　　　④ 32번째 줄 ~ 105번째 줄

22 뒤집기왕 방기전에 대한 논평으로서 적절하지 않은 것을 찾으시오. (   )

① 승리보다 사람 목숨이 중요했던 착한 마음씨의 씨름선수였다.

② 어차피 장봉걸을 이길 수 없었기 때문에 사람 목숨도 살릴 겸 현명하게 진 것이다.

③ 그야말로 뒤집기 천하장사다.

④ 방기전이 최고의 인기 씨름선수가 된 것은 사람들이 뒤집는 것을 재미있어 하기 때문이다.

23 '**뒤집기 왕 방기전**' 이야기의 줄거리를 기승전결 단계에 맞춰 대략적으로 써넣으시오.

기

승

전

결

정답 83p~105p

01 기=(사실) 승=(마음) 전=(반전) 결=(결말)

02 ①

03 ③

04 기—ⓒ 승—ⓑ 전—ⓓ 결—ⓐ

05 ⓐ승 ⓑ기 ⓒ결 ⓓ전

06 (채점 기준) 기승전결 단계에 맞게 쓰면 정답

07 ③

08 (채점 기준) 기승전결 단계에 맞게 쓰면 정답

09

기	승	전	결
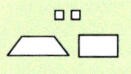			(배)

10 ①

11 ①

12 ④ ← 이익을 위해 아첨했다고 볼 수 없어요.

13
- 기 노랑새와 파랑새가 있어요.
- 승 파랑새와 노랑새가 서로 사랑했어요.
- 전 파랑새가 떠나버렸어요.
- 결 노랑새 혼자 남아서 파랑새를 기다렸어요.

14 (채점 기준) 기승전결 단계에 맞게 쓰면 정답

- 기 밑창이 떨어진 운동화를 엄마가 보았어요.
- 승 엄마가 신발가게 간다고 해서 아들은 좋아했어요. 새신발 신고 뛰어다닐 생각하면서 신이 났어요.
- 전 엄마가 신발가게에서 돌아왔어요. 그런데 엄마는 새신발은 사오지 않고 본드를 사왔어요. 아들은 실망해서 울고 싶었어요.
- 결 엄마가 본드로 신발 밑창을 붙여주었어요. 아들은 엄마를 믿은 자신을 나무랐어요. 하지만 아들은 엄마가 수선해 준 신발을 새신발보다 더 기쁜 마음으로 오래오래 신었답니다.

> 꼭 위와 같은 내용으로 쓰지 않아도 됩니다. 이야기를 만들어서 자유롭게 써보세요.

15 (채점 기준) 기승전결 단계에 맞게 쓰면 정답

16 (텔레비전 설명문)

- 기 텔레비전은 드라마, 뉴스, 영화, 광고, 가수, 탤런트, 등을 영상으로 보여주는 전자제품이다.

  텔레비전의 기능을 사실대로 씁니다.

- 승 텔레비전이 있으면 멀리 있는 일을 가만히 앉아서 방에서 볼 수 있다. 그러므로 텔레비전이 있으면 세상을 그만큼 많이 돌아다니지 않아도 된다.

  긍정적인 역할에 대한 내 생각을 씁니다.

- 전 텔레비전에서 나쁜 걸 배우기도 한다. 자꾸 보다가 중독되는 사람도 있다고 한다. 그래서 아이들을 위해 없애버리는 집도 있다고 한다.

  반전이 있어야 하기 때문에 앞에서 좋은 점에 대해 썼다면 여기서는 나쁜 점에 대해서 씁니다.

- 결 아이들이 있어도 텔레비전은 없는 것보다 있는 게 나을 것 같다. 나쁜 것보다 좋은 게 더 많이 나오기 때문에 좋은 걸 더 많이 배울 수 있다고 생각한다.

  결론을 내립니다.

17 ④

18 ③

정답 83p~105p

19 ④　　**20** ①　　**21** ②　　**22** ②

23 (채점 기준) 기승전결 단계에 맞게 썼다고 생각하면 정답

[문제] 기승전결 단계에 맞춰 '**뒤집기 왕 방기전**' 이야기의 줄거리를 대략적으로 써넣으시오.

기
사실

방기전은 어릴 때부터 뒤집기 기술로 씨름을 잘해서 천하장사로 불렸다. 어느 날 한양에서 씨름대회가 열렸다. 뒤집기로 승승장구하여 결승전에 진출하여 뒤집기 왕이란 별명을 얻었다. 결승전에서 장봉걸 선수와 붙어 이겼으나 심판이 장봉걸 선수의 손을 들어주었다.

승
마음

우승을 도둑맞는 방기전은 세상을 원망하며 다시는 씨름 안 하기로 결심했다. 이듬해 씨름대회에 다시 출전하라고 동네사람들이 설득했으나 방기전은 마음을 돌리지 않았다.

전
반전

어느 날 심판이 찾아와 대회에 출전하는지 안 하는지 물어보았다. 방기전이 오기가 생겨 출전할지도 모른다고 대답했다. 심판이 임금의 명이라며 출전을 말렸다. 방기전은 출전하겠다고 마음을 고쳐먹었다. 그리고 뒤집기로 결승전까지 갔다. 그때 심판이 살려달라고 말했다. 방기전이 이기면 심판이 왕에게 죽어야 하는 상황이었다. 방기전은 심판을 살리기 위해서 우승을 포기했다.

결
결말

얼마 후 왕은 듣기 싫은 소리를 한다는 이유로 환관을 죽이는 등 횡포를 부리다가 왕의 자리에서 쫓겨났다.